BALKONPFLANZEN

blv garten **plus**

Eva-Maria Geiger

BALKONPFLANZEN

Auswählen • Gestalten • Pflegen

blv

Inhalt

Gestalten mit Balkonpflanzen

Kahle Balkone und Terrassen lassen sich im Sommer mit ein wenig Aufmerksamkeit und Know-how in blühende und duftende Oasen verwandeln. Schaffen Sie sich dadurch Ihren individuellen grünen Wohnraum zum Entspannen und Wohlfühlen.

Ein paar Worte vorweg

Wenn im Frühjahr die Tage länger werden und die ersten wärmenden Sonnenstrahlen an der Nase kitzeln, erwacht in uns das Bedürfnis, nach draußen zu gehen, um die Natur einzuatmen. Vielen ist das Glück beschert, einen Garten zu haben und dort das Erwachen der Natur hautnah mitzuerleben. Aber auch in den Häuserschluchten der Städte ist es ganz einfach, ein Stück Natur für sich einzufangen – vorausgesetzt, man hat einen Balkon, und sei es auch nur ein kleiner. Er ist nicht nur ein »Anhängsel« einer attraktiven Wohnung, ein Ort zum Wäsche aufhängen oder zur Müllsortierung, sondern er kann im Sommer zum zweiten Wohnzimmer werden, zu einem Ort, der Harmonie und Behaglichkeit bietet und der das Auge durch

die natürliche Schönheit der Pflanzen verwöhnt.

So ein Balkon wird zu einer kleinen Oase, die man frei nach eigenen Wünschen und Vorstellungen gestalten kann: **Kletternde Pflanzen** schaffen Geborgenheit und schirmen vor neugierigen Blicken ab, **duftende Pflanzen** schmeicheln der Nase und vielleicht auch dem Gaumen, und **Blütenpflanzen** zaubern ein Feuerwerk an belebenden oder besänftigenden Farben. Natürlich ist ein schön begrünter Balkon auch ein Aushängeschild für ein attraktives Haus bzw. eine schöne Wohnung und zieht so manch bewundernde Blicke auf sich. Zusammen mit einigen mediterranen und exotischen Kübelpflanzen lässt sich ein stimmiges Urlaubsambiente einrichten.

Durch liebevoll zusammengestellte Pflanzenarrangements und den geschickten Umgang mit Farben wird die Balkongestaltung auch zum Ausdruck der eigenen Persönlichkeit. Ein interessanter Balkon lässt den Betrachter zudem auf inte-

Balkone und Terrassen lassen sich auch in trüben Großstädten zu kleinen persönlichen Gärten verwandeln: Zwischen Blüten- und Kletterpflanzen gedeihen verschiedene Gemüsearten in Kübeln.

ressante Bewohner schließen. Aber ein liebevoll begrünter Balkon kann mehr: Er bietet einen Ort zur Entspannung, zum Abbau von Stress, einen Ruhepol im eigenen Wohnbereich und eine Kontaktstelle zur Natur, und das besonders für Kinder.

So mancher schreckt vielleicht zurück vor der Begrünung des Balkones unter dem Vorwand,

◄ Einfach zu gestalten: Hunderte von leuchtenden, goldgelben Blüten des Aztekengolds unterstreichen die edle Wirkung der prächtigen Geranie 'Barock'.

keinen »grünen Daumen« zu haben. Doch dieses (Vor-)Urteil sollte man gleich über Bord werfen! Schlechte Erfahrungen beim Umgang mit Pflanzen sind in erster Linie das Ergebnis einer ungenügenden Beratung! Mit ein bisschen Geduld und etwas »Know-how« wird so mancher eine schlummernde Leidenschaft für Pflanzen in sich entdecken. Hierfür ist auch dieses Buch gedacht. Es soll Hilfestellungen geben für »Einsteiger« wie auch Tipps für Fortgeschrittene. Wagen Sie es und holen Sie sich ein Stück Natur in Ihr Zuhause!

Ausgangspunkt: der richtige Standort

Wachstum und Blütenentwicklung von Pflanzen sind genetisch verankert und das Ergebnis einer optimalen Anpassung an den ursprünglichen Heimatstandort. Dies trifft auch auf unsere etwa 100 Balkonpflanzen-Arten zu, deren ursprüngliches Verbreitungsgebiet in den tropischen und subtropischen Regionen der Welt liegt. So sind z. B. die Ursprungsarten der beliebten Pelargonien (Geranien) auf den lichtreichen Hochebenen in Südafrika zu finden, während sich Fuchsien im

feuchten Schatten bewaldeter Regionen Mittel- und Südamerikas wohl fühlen. Ausschlaggebend für die Entwicklung der Pflanzen an ihrem Heimatstandort wie auch auf unseren Balkonen sind die so genannten **Wachstumsfaktoren,** wie Licht, Temperatur, Wasser, Luft und Nährstoffe. Unter einem **»grünen Daumen«** versteht man die gärtnerische Kunst, den Pflanzen ein Maß an Wachstumsfaktoren ähnlich wie an ihrem Heimatstandort zu bieten. Es lohnt sich, seine Kenntnisse über Pflanzen zu vertiefen, um so bei der Kultur von Pflanzen das richtige Gespür für deren Ansprüche zu entwickeln. So kommt der Standortwahl, insbesondere den vorherrschenden Lichtverhältnissen, eine entscheidende Bedeutung zu, da Helligkeit und Tageslänge als Motor für Pflanzenwachstum und für Blütenreichtum gelten. Weiterhin spielen die Regenhäufigkeit und die Windverhältnisse eine große Rolle.
Bei der Wahl der Balkonpflanzen sollte auch deren Eignung für die **regionalen Klimaverhältnisse** berücksichtigt werden. So gibt es z. B. zwischen Kiel und Freiburg doch erhebliche Klimaunterschiede.

Das Licht entscheidet

Den Lichtverhältnissen kommt eine entscheidende Bedeutung zu. Pflanzen sind in der Lage, die blauen und roten Anteile des Lichtes zur Energiegewinnung und den Substanzaufbau zu nutzen.
Technisch lässt sich die Helligkeit als Beleuchtungsstärke messen, sie wird in Lux angegeben. Zum Vergleich weisen gut ausgeleuchtete Büroarbeitsplätze eine Beleuchtungsstärke von etwa 1 000 Lux auf, während an wolkenlosen Hochsommertagen mittags über 100 000 Lux, im Frühjahr und Herbst bis zu 30 000 Lux im Freien gemessen werden. Schieben sich dunkle Regenwolken vor die Sonne, fällt die Beleuchtungsstärke auf etwa 1 200 bis 4 000 Lux.
Zwei Drittel aller Balkonpflanzen lieben einen sonnigen Standort. Ihr Stoffwechsel kommt erst bei einer Beleuchtungsstärke von 5 000 Lux in Gang und läuft bei Werten zwischen 25 000 und 50 000 Lux auf Hochtouren. Weiterhin wird auch bei hohen Temperaturen infolge des höheren Stoffwechsels der Pflanzen viel Substanz wieder verbraucht. Sehr schlechte Lichtverhältnisse wirken bei Pflanzen wie eine

Stehen für üppigsten Blumenschmuck an sonnigen und vollsonnigen Standorten: die Surfinia-Petunien 'Blue Vein' und 'Blue Picnic', Goldzweizahn und Hängegeranie 'Lachs-Cascade'.

Diät – sie verkümmern langsam. Pflanzen für halbschattige und schattige Standorte sind etwas bescheidener, ihnen genügen Helligkeitswerte zwischen 2000 und 15000 Lux für eine ausreichende bis gute Photosyntheseleistung. Hinzu kommt, dass die meisten Balkonblumen so genannte **Lichtsummenblüher** sind. Das bedeutet, dass ihre Blühintensität abhängig von der angebotenen Lichtmenge ist (= Lichtintensität + Tageslänge). Ein Trost für die weniger sonnenverwöhnten Pflanzenliebhaber im Norden, die vielleicht weniger Sonne, jedoch längere Tage im Sommer haben.

Pflanzen für den vollsonnigen Standort

Vollsonnige Standorte sind **nach Süden ausgerichtet** und ganztägig unbeschattet. Die Lichtintensität ist an solchen Standorten in den Hochsommerwochen sehr hoch, nahezu schon aggressiv, und auch die Temperatur steigt auf sehr hohe Werte. Pflanzen für vollsonnige Standorte weisen häufig einen halbsukkulenten (leicht fleischigen) Charakter auf. Ihre Laubblätter sind fest, lederartig, silbrig, blau- oder graugrün mit einer entsprechenden Schutzschicht gegen die hohe Sonneneinstrahlung und die hohen

UV-Werte. Dennoch sollte man solchen Pflanzen unmittelbar nach der Pflanzung eine Möglichkeit zur Akklimatisierung durch Schattieren oder ein erstes Aufstellen an trüben Tagen einräumen, bis sich die natürlichen Schutzmechanismen entwickelt haben. Wichtig für Pflanzen an vollsonnigen Standorten ist eine gleichmäßige Wasserzufuhr, da in dem beschränkten Gefäßvolumen eines Balkonkastens bei hoher Einstrahlung die Erde sehr schnell austrocknet. Balkonkästen mit Wasserspeicher oder eine automatische Bewässerung sind dafür ideal. Auf sehr dunkle Kunststoffgefäße sollte man lieber verzichten, da sie sich sehr

Während viele sonnenhungrige Pflanzen auch an halbschattigen Standorten – wenn auch mit verminderter Blühleistung – zurecht kommen, öffnen andere ihre Blüten nur bei vollem Licht in Abhängigkeit von hohen Einstrahlungswerten, z. B. Gazanien, Kapmargeriten und Strohblumen. Für sie sollte grundsätzlich ein vollsonniger Standort gewählt werden.

Sanvitalia speciosa 'Aztekengold' mit ihren unzähligen kleinen Blüten schützt sich gegen sehr intensive Einstrahlung und hohe Temperaturen an sonnigen Standorten durch Einrollen der Blätter.

tagssonne geschützt. In den beschatteten Morgenstunden sammeln sie Energie für Wachstum und Entwicklung von Laubmasse, die sonnigen Nachmittags- und Abendstunden hingegen fördern den Blütenreichtum. Bei hohem Lichtangebot bis in die frühen Nachmittagsstunden kann man auch bei Südostbalkonen von einem sonnigen Standort sprechen. Auch Pflanzen für sonnige Plätze sollten behutsam an ihren endgültigen Standort akklimatisiert werden.

stark erhitzen. Temperaturen bis zu 40 °C im Wurzelbereich sind nicht selten und können auch zu Wurzelverbrennungen führen.

Mitunter schlappen die Pflanzen in den heißen Tagesstunden, obwohl die Erde feucht ist. In diesem Fall verdunsten ihre Laubblätter mehr Feuchtigkeit, als die Wurzeln aufnehmen können.

Manche Pflanzen wirken auch verkrüppelt, wenn sie als Verdunstungsschutz ihre Blätter nach innen oder nach außen rollen (z. B. bei *Sanvitalia speciosa* 'Aztekengold'). Solche Reaktionen auf Überhitzung gehen län-

gerfristig auf Kosten der Wuchsleistung. Eine leichte Schattierung über die heißesten Stunden des Tages ist in diesem Fall sehr vorteilhaft.

Pflanzen für den sonnigen Standort

Sonnige Balkone und Terrassen sind **nach Südwesten ausgerichtet** oder es handelt sich z. B. durch einen Dachvorsprung geschützte Südseiten von Gebäuden. Sie sind sehr hell und bieten spätestens ab der Mittagszeit den Pflanzen volles Licht. Im Idealfall sind die Pflanzen jedoch vor der grellen Mit-

Pflanzen für den halbschattigen Standort

Halbschattige Standorte für Pflanzen sind meist **nach Nordosten und Nordwesten ausgerichtete** Balkone und Terrassen. Die Pflanzen stehen hell, jedoch geschützt vor praller Sonneneinstrahlung zwischen den späten Vormittags- und den frühen Nachmittagsstunden. Einen solchen Platz lieben Pflanzen, deren Heimatgebiete lichte und feuchte, subtropische und tropische Waldregionen sind. Neben den Fuchsien zählen hierzu die aus Asien stammenden Begonien, die Fleißigen Lieschen aus Sansibar und die Edellieschen aus dem tropi-

Edles Arrangement für einen geschützten, halbschattigen Standort: Girlandenbegonie 'Illumination Apricot' und gelbgrünes Lakritzkraut 'Rondello'.

Eine Gestaltung mit weißen Blütenpflanzen wirkt besonders im Sommer sehr edel, sehr hell und angenehm kühl. Beispiele dafür sind das Fleißige Lieschen 'Candy Weiß', die starkwüchsige Girlandenbegonie 'Illumination White' und die weißen Lobelien 'Temptation White'.

schen Neuguinea. Gerade bei diesen Pflanzenarten ist in den letzten Jahren ein großes Sortimentsspektrum entstanden, mit dem sich jeder halbschattige Balkon in ein Blütenmeer verwandeln läßt. Die Pflanzen haben weichere, empfindlichere Blätter und reagieren unmittelbar nach der Auspflanzung sensibel auf intensive Sonneneinstrahlung. Trockenstress wird in der Regel weniger gut vertragen. Einige Sorten sind auch relativ gut sonnenverträglich, sofern nach einer ausreichenden Anpassungsphase an den sonnigen Standort eine gleichmäßige Wasserversorgung gewährleistet ist.

Pflanzen für den schattigen Standort

Die Sortimentsauswahl für schattige Standorte, vorwiegend an der Nordseite von Gebäuden, ist leider sehr klein. Auch Pflanzen, die an halbschattigen Standorten bestens gedeihen, reagieren häufig mit einer reduzierten Blühleistung auf die fehlenden Sonnenstunden. Nichtsdestoweniger kann man mit Blattschmuckpflanzen, wie mit Efeuarten, buntblättrigen Taubnessel- und Gundermann-Sorten, goldgelbem Zieroregano, versetzt mit einigen Blütenpflanzen, wie Fleißigen Lieschen und Bego-

nien, bezaubernde, kühle Oasen schaffen, die an den heißen Sommertagen einen angenehmen Ort zur Entspannung bieten.

Tipps für wind- und regen-exponierte Standorte

Auf einem ungeschützten Balkon in sturmgefährdeten Regio-

Weiße Blüten setzen Lichtpunkte an schattigen Standorten: Fleißiges Lieschen 'Candy Weiß', kombiniert mit der buntblättrigen Taubnessel 'Golden Anniversary' und der Triphylla-Fuchsie 'Koralle'.

Beispiele für Blütenpflanzen mit unterschiedlicher Standorteignung		
Pflanzenart	**Wuchscharakter**	**Farbpalette**
Pflanzen für einen vollsonnigen bis sonnigen Balkon		
Dukatentaler	Buschig bis überhängend	Mittelstark bis starkwüchsig	Gelb
Gazanien	Buschig bis überhängend	Mittelstark	Weiß, gelb, orange
Kapaster	Buschig	Mittelstark	Blau
Kapkörbchen	Aufrecht	Starkwüchsig	Weiß, gelb, rosa
Strauchmargerite	Aufrecht	Starkwüchsig	Weiß, gelb, rosa
Zwergstrohblume	Aufrecht	Mittelstark bis starkwüchsig	Gelb
Pflanzen für einen sonnigen bis halbschattigen Balkon		
Aztekengold	Hängend	Mittelstark	Gelb
Blaue Fächerblume	Hängend	Starkwüchsig	Blauviolett
Blaue Mauritius	Hängend	Mittelstark	Blauviolette Töne
Blaues Gänseblümchen	Buschig bis überhängend	Mittelstark	Blauviolette Töne, hellblau
Blaumäulchen	Hängend	Mittelstark	Blau und violett
Elfenspiegel	Buschig bis überhängend	Mittelstark	Weiß, rosa, blauviolett
Elfensporn	Buschig bis überhängend	Mittelstark	Rosa Töne
Geranien und Hängegeranien	Aufrecht und hängend	Starkwüchsig	Weiß, orange, rosa, rot, lachsfarben, purpurrot, rosaviolett
Goldzweizahn	Hängend	Starkwüchsig	Gelb
Hänge-Löwenmäulchen	Hängend	Mittelstark	Weiß, orange, rote und rosa Töne, dunkelrot
Schneeflockenblume	Hängend	Mittelstark	Weiß, porzellanfarben, fliederfarben
Surfinia-Petunien und andere Hängepetunien	Hängend	Starkwüchsig	Weiß, rosa Töne, purpurrot, blauviolette Töne
Vanilleblume	Aufrecht	Mittelstark	Weiß, blauviolet
Verbenen	Buschig bis hängend	Starkwüchsig	Weiß, rote, rosa und blauviolette Töne
Wandelröschen	Buschig bis überhängend	Starkwüchsig	Weiß, gelb, orange, rot, purpurrot
Zauberglöckchen	Hängend bis starkwüchsig	Mittelstark	Weiß, gelb, rot, rosa und blauviolett
Pflanzen für einen halbschattigen bis schattigen Balkon		
Edellieschen	Aufrecht	Mittelstark	Weiß, rote, rosa und violette Töne
Fleißiges Lieschen	Aufrecht	Mittelstark	Weiß, rote, rosa und violette Töne
Fuchsien	Aufrecht und hängend	Mittelstark	Weiß, rot, rosa und blauviolett
Girlandenbegonien	Hängend	Starkwüchsig	Weiß, rosa, apricot, rot
Lobelien	Aufrecht bis überhängend	Mittelstark	Blaue und weiße Töne

nen oder auch in den höheren Stockwerken einer Großstadt können Wind und Regen mitunter heftig zuschlagen. Für solche Standorte eignen sich besonders die sturmerprobten Pflanzen, die aus raueren Küstenregionen stammen. Ihre Sprosse sind meist kurz und elastisch, ihre Laubblätter sind klein, fest, geschützt vor übermäßiger Verdunstung durch eine ledrige Außenhaut, die Blüten sind sehr zierlich. Beispiele für solche Arten sind Dukatenblume, Strauchmargeriten, Gazanien, Geranien mit einfachen Blüten u. a. Besonders empfindlich gegenüber Windschäden sind wärmeliebende Pflanzen mit langen Trieben, großen, weichen Blättern und großen, gefüllten Blüten. Auch sollte man an windexponierten Standorten aus Gründen der Standfestigkeit schwerere Gefäße wählen. Vorbeugend gegen Schäden durch starke Niederschläge wird im Fachhandel auch ein **Regenschutz** für Balkonkästen angeboten, der sich auf allen Arten von Balkonen und Balkonkästen anbringen lässt. Er besteht aus Federstahlbügeln, speziellen Halterungen und einer transparenten, UV-stabilisierten Folie, ist schnell aufzuspannen und wieder wegzunehmen.

Gestaltungstipps für einfache und anspruchsvolle Arrangements

Bei allen Bepflanzungsmöglichkeiten ist grundsätzlich eine ausreichende so genannte **Standweite** für jede Pflanze zu berücksichtigen, also genügend **Pflanzabstand.** Diese hängt natürlich vom individuellen Wuchscharakter und von der Wuchsstärke ab. So beanspruchen die starkwüchsigen Surfinia-Petunien eine Standweite von mindestens 20 cm in einem 20 cm tiefen Balkonkasten. Ein mit Pflanzen vollgepfropfter Balkonkasten wirkt nur in den ersten Wochen attraktiv. Später wird es den Pflanzen zu eng, und sie konkurrieren um Licht, Wasser und Nährstoffe. Die Pflege wird erschwert, und dies wirkt sich zuletzt negativ auf die Blühleistung aus.
Zur Pflanzung selbst ist qualitativ hochwertige Ware ohne Stresssymptome zu bevorzugen (z. B. vergilbte Blätter, Grauschimmel, Trockenschäden). Ideal wäre große Gärtnerware (z. B. im 12-cm-Topf) direkt aus dem Gewächshaus. Profis tauchen den Wurzelballen vor

Harmonisches Ambiente für einen belebten Innenhof durch die leuchtenden Blüten der üppigen Hängegeranie 'Feuercascade' auf den kleinen Fenstersimsen. Eine gelungene Gestaltung mit nur einer Sorte.

der Pflanzung in einen Kübel Wasser, ehe sie ihn in das Gefäß setzen, um Trockenschäden vorzubeugen und um zügiges Wachstum zu garantieren. Weiterhin sollte bei der Bepflanzung auch der unterschiedlichen Weiterentwicklung und **Wuchsstärke** (Konkurrenzkraft) der einzelnen Pflanzen Rechnung getragen werden. Starkwüchsige Pflanzen wie die Hängepetunien, Goldzweizahn und unter den Blattschmuckpflanzen das silberlaubige Lakritzkraut und der Mottenkönig drohen schwächer wachsende Kombinationspartner bald zu überwuchern.

Beispiel für einen symmetrisch gestalteten Balkonkasten: Die zartrosa blühende Hängegeranie wird beidseitig eingerahmt von duftenden Vanilleblumen. An den Enden sitzen scharlachrote Knollenbegonien.

Ganz einfach, aber wirkungsvoll: »Solotänzer« oder »Sorte pur«

Die einfachste Möglichkeit, einen Balkonkasten zu gestalten, ist die gleichmäßige **Bepflanzung mit einer einzigen Balkonblumensorte.** Hierzu braucht man nicht viel Phantasie, jedoch muss man sich einer strengen Ordnung unterwerfen. Jeder kleinste Unterschied, sei es nur eine Farbabweichung durch die Wahl einer anderen Sorte, wirkt störend auf das Gesamtbild. Solche unkomplizierten Bepflanzungen findet man häufig mit leuchtenden Hänge-geranien, z. B. mit den 'Casca-de'-Sorten und den 'Surfinia'-Petunien. Ihre Wirkung ist klar, ruhig, schlicht und sachlich, jedoch auch spannungslos und eintönig. Besonders gut wirken sie auf kleinen Balkonen und vor unruhigem Hintergrund.

Symmetrisch anordnen

Für einen symmetrisch gestalteten Balkonkasten wird eine dominierende Hauptpflanze in die Mitte des Kastens gesetzt, und beide Seiten nun spiegelgleich bepflanzt. Hierzu wählt man Pflanzen der gleichen Art, Größe und Farbe und ordnet sie in gleichem Abstand von der Hauptpflanze im Mittelpunkt des Balkonkastens an. Eine solche symmetrische Gestaltung wirkt leicht verständlich, klar, streng und architektonisch. Sie vermittelt Ruhe, Ausgewogenheit und Geschlossenheit.

Im Walzertakt pflanzen

Bei einer **rhythmischen Pflanzung** werden unterschiedliche Pflanzen aneinander gereiht; die entstandene Abfolge wird in immer gleicher Weise wie aufeinander folgende Tanzschritte wiederholt. Die einzelnen Intervalle der Wiederholungen bestehen aus zwei und mehr Pflanzen, die sich in Form, Größe, Farbe und Stückzahl

Wirkt sehr abwechslungsreich auf großen Balkonen: Eine rhythmische Pflanzung, hier mit Goldzweizahn, Roten Hängegeranien, Mottenkönig und Vanilleblumen bzw. Petunien.

unterscheiden. Für eine rhythmische Reihung von Balkonpflanzen empfiehlt es sich, die Pflanzen etwas versetzt anzuordnen, z. B. aufrecht wachsende Pflanzen mehr in den Hintergrund des Kastens und überhängende Pflanzen an die Vorderkante. Eine rhythmische Reihe erscheint spannungs- und abwechslungsreich, lebhaft, beschwingt und interessant. Besonders attraktiv wirken solche Bepflanzungen auf großen Balkonen mit einfarbigem Hintergrund bzw. Balkongeländern.

Die dominante Wirkung der starkwüchsigen, duftenden Vanilleblume 'Marine' wird unterstrichen durch das zierliche, buschige Aztekengold, die stark hängende, rote 'Temari'-Verbene 'Scarlet' und die Mini-Hängepetunie 'Piccolo White'.

Anspruchsvoll: Pflanzen mit verschiedener Wertigkeit

Bei dieser Gestaltung kommen der individuellen Ausstrahlung und dem Ausdruck der verwendeten Balkonblumen eine besondere Bedeutung zu.
Das Wesen einer Pflanze wird nicht nur durch deren Wuchscharakter allein, sondern auch von dem Milieu geprägt, in dem sie naturgemäß wächst. So wirken aufrecht wachsende Pflanzen aus den Tropen häufig exotisch, edel, kostbar und dominant und wollen sich in voller Pracht entfalten. Beispiele sind Ziertabak, Vanilleblume u. a.

Ganz anders hingegen sind Pflanzen mit nur geringem Geltungsanspruch: Sie wirken unscheinbar, niedlich, bescheiden und kommen am besten als Gruppenpflanzung zur Geltung, etwa als Blütenpolster (z. B. Lobelien, Husarenknöpfchen, Aztekengold, Schneeflockenblumen, kleine Studentenblumen). Dazwischen liegen viele aufrecht wachsende wie auch überhängende und schwungvolle Balkonpflanzenarten, die allein recht gut wirken oder sich auch in Gemeinschaft mit anderen Arten gut vertragen.
Entscheidend für eine gelungene Bepflanzung ist, dass die

Pflanzen ihren jeweiligen Platz innerhalb einer Gruppierung entsprechend der optischen Wirkung erhalten.
Zur Vereinfachung unterteilt man das Balkonpflanzensortiment auch in so genannte **Leit-**, **Hänge-** und **Beipflanzen.** Dominante, aufrecht wachsende Pflanzen (z. B. Strauchmargeriten, Kapkörbchen, aufrecht wachsende Geranien und Fuchsien) werden in den Hintergrund platziert, Hängepflanzen an den vorderen Rand. Zwischen den Leit- und Hängepflanzen finden zuletzt die bescheidenen Beipflanzen Platz, die das gesamte Erscheinungsbild abrunden.

**Der natürliche Farbkreis mit
12 reinen Farben. Komplementärfarben
liegen im natürlichen Farbkreis gegenüber.
Ihre Kombination ergibt einen sehr
spannungsreichen Farbkontrast**

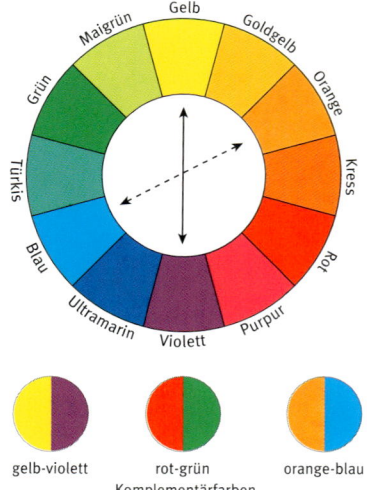

gelb-violett   rot-grün   orange-blau
Komplementärfarben

**Kombinationen aus drei Farben,
die im Farbkreis gleich weit voneinander
entfernt liegen, ergeben tolle Farbkontraste**

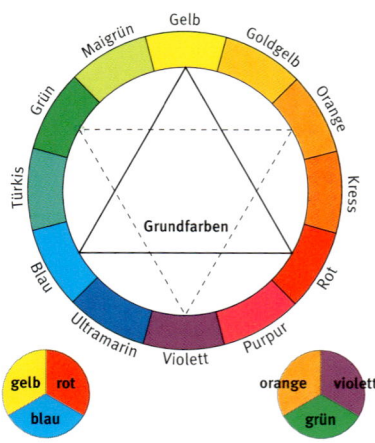

Gestalten mit Farben

Farben sind wie Töne: Sie klingen laut und leise, wirken erheiternd und besänftigend. Farben haben Einfluss auf das Empfinden und unbewusste Handeln der Menschen. Auch die symbolischen Deutungen der Farben hängen eng mit deren Erscheinung und den Gefühlen, die sie auslösen, zusammen. Mit Farben lassen sich bei dem Betrachter bewusst Stimmungen erzeugen und vertiefen, nicht nur durch Einzelfarben, sondern auch durch belebende Kontraste und besänftigende Farbharmonien.
Ein kleiner Einblick in das Ordnungssystem von Farben erleichtert die Zusammenstellung von attraktiven Farbkombinationen. Zunächst gibt es die so genannten **Grundfarben** oder Primärfarben Gelb, Rot und Blau. Kennzeichnend für sie ist, dass sie sich nicht durch Mischungen herstellen lassen. Mischt man jedoch jeweils zwei der Grundfarben, erhält man die so genannten reinen **Mischfarben** oder **Sekundärfarben.** Reine Farben werden in einem zwölfteiligen **Farbkreis** dargestellt: Die Farben sind in der gleichen Reihenfolge wie bei einem Regenbogen angeordnet.

Der Farbkreis besteht aus den drei Grundfarben, die im gleichen Abstand zueinander stehen, sowie neun Mischfarben.

Leicht: sanfte Farbharmonien

Das Geheimnis harmonischer Farbkombinationen beruht darauf, dass zwischen den einzelnen Farben nur sehr kleine Kontraste liegen oder dass größere farbliche Unterschiede durch viele kleine Zwischenstufen verbunden werden. Ruhig und sanft wirken kombinierte Abdunklungen und Pastelltöne von nur einer einzigen reinen Farbe. Die Pastellnuancen können hierbei bis zu Weiß

Sanfte Harmonie im Gleichklang:
'Temari'-Verbenen, Kapkörbchen und
Zauberglöckchen in pinkvioletten Tönen.

Eine Kombination weiß blühender Balkonpflanzen-Arten wirkt dezent und vornehm; hier: Strauchmargerite 'Dana', Hängegeranie, Verbene 'Temari White' und Mini-Hängepetunie 'Piccolo White'.

gehen. Von einer solchen **Harmonie im Gleichklang** geht eine vornehme, zurückhaltende und dezente Farbwirkung aus. Auch **Nachbarfarben** innerhalb des Farbkreises, z. B. Gelb, Goldgelb, Orange, wirken harmonisch und natürlich miteinander.

Anspruchsvoll: lebhafte Farbkontraste mit Power

Farbkontraste werden durch lebhafte Unterschiede in den Farbkombinationen ausgelöst. Der größtmögliche und spannungsreichste Kontrast ist der zwischen einer Farbe und ihrer **Komplementärfarbe.** Diese ste-

hen sich in dem natürlichen zwölfteiligen Farbkreis gegenüber. Von besonderer Bedeutung ist der **Helligkeitskontrast:** Kein anderer Farbkontrast belebt eine Farbkomposition so wie dieser.

• Dunkle Töne schaffen Schattenspiele und optische Tiefe,
• helle Farben bringen belebendes Licht und eine leichte, auflockernde Wirkung mit sich.
• Unterschiedliche Farbtöne von gleicher Helligkeit wirken nebeneinander unklar, ausdruckslos, fade und matt.
• Reine, klare Farben leuchten sehr viel intensiver in einem Umfeld von trüben, stumpfen

Farbtönen als neben ebenso intensiv leuchtenden Farben.
• Eine helle Blütenfarbe wirkt neben einem dunklen Farbton – sei es eine dunkelblühende Nachbarpflanze, eine Blattschmuckpflanze mit dunkelgrünem Laub oder mit einer dunklen Hausfassade als Hintergrund – besonders deutlich.

Farben werden vom Betrachter auch subjektiv wahrgenommen. Er verbindet mit ihnen Aktivität, Temperaturempfinden und misst ihnen eine unterschiedliche Gewichtung zu. Der stärkste **Aktivitätskontrast** besteht zwischen den Farben Rot und Grün. Rot gilt als die aktivste aller Farben, Grün hingegen als passiv. Rote Töne wirken warm;

Lebhafte Farbkontraste können durch die Komplementärfarben Blau (z. B. Lobelien) und Gelb (Strauchmargerite 'Butterfly' und Dukatentaler) erzeugt werden.

Die schönsten Farbkontraste ergeben sich durch die Kombination von Rot, Gelb und Blau: Wandelröschen, Ministrohblumen und Zauberglöckchen in Blau.

insbesondere zu Blau besteht hier ein starker **Temperaturkontrast.**

Selbst wenn Farben in gleichen Anteilen vorkommen, messen wir ihnen eine **unterschiedliche Gewichtung** zu. So breitet sich z. B. leuchtendes Gelb viel stärker über Violett aus, auch wenn beide Farben in der gleichen Menge vorliegen.

Lebhafte Kontrastkombinationen können auch mit drei Farben realisiert werden. Für eine optimale Farbkombination verbindet man z. B. die Farben des Farbkreises durch ein gleichseitiges Dreieck. Alle drei Farben sind innerhalb des Farbkreises gleich weit voneinander entfernt (z. B. Gelb-Blau-Rot oder Grün-Orange-Violett).

Wirkung von Farbtönen innerhalb einer Pflanzenkombination		
Farbton	**Pflanzenbeispiele**	**Wirkung innerhalb einer Farbkombination**
Weiß	Elfenspiegel 'Innocence', Weiße Hängepetunie Piccolo White', Schneeflockenblume, Strauchmargerite 'Dana', Edellieschen und Fleißiges Lieschen	Setzt Lichtpunkte, wirkt rein, ruhig, feierlich und erhaben
Gelb	Goldzweizahn, Strauchmargerite 'Butterfly', Dukatentaler, Aztekengold	Bringt Weite, Strahlung, Sonne, wirkt belebend, auflockernd, optimistisch
Orange	Gazanie 'Orange Magic', Kalifornische Gauklerblume, Wandelröschen 'Sunkiss' Geranie 'Perlenkette Orange', Zinnie 'Profusion Orange'	Wirkt belebend, erheiternd, anschmiegsam; die wärmste aller Farben
Rot	Geranie 'Rumba' Verbene in Scharlachrot Begonie 'Panorama Scharlach'	Wirkt belebend, aktivierend, unruhig, laut und kraftvoll; bringt Spannung in die Farbkombination
Purpurrot	Hängegeranie 'Lulu' Surfinia-Petunie 'Revolution'	Bringt Tiefe und Fülle, wirkt sanft, jedoch auch glühend
Violett	Verbene 'Temari Violet', Verbene 'Tapien Blau', Zauberglöckchen 'Blue', Blaumäulchen 'Summer Wave Violet'	Wirkt beruhigend, vertiefend, zurückhaltend, jedoch auch schwer und mystisch
Nachtblau	Vanilleblume 'Marine' Hängepetunie 'Microtunia Blue'	Lässt sonnige Farben leuchten, wirkt ruhig und klar
Enzianblau	Kapaster, Blauer Gauchheil Lobelie 'Azur'	Setzt Ruhepunkte, wirkt erfrischend und entspannend
Lindgrün	Zier-Oregano 'Aureum'	Wirkt freundlich, sanft, frisch, naturnah, jedoch ohne dunkle Partner blass und fahl (ebenso andere Pastelltöne)
Helle Grautöne	Silbernes Lakritzkraut Taubnessel 'White Nancy'	Mildert harte Kontraste, wirkt neutral und beruhigend; zu viel an Grau wirkt jedoch steril

Blattschmuck- und Strukturpflanzen kommt bei der Gestaltung mit Farben eine besondere Bedeutung zu. Von allen
Spektralfarben des natürlichen
Lichtes nimmt **Grün** den größten
Anteil ein. Grün wirkt auf das
menschliche Auge beruhigend
und entspannend. Bei Balkonblumen mit sehr hoher Blühintensität verschwindet mitunter
das Laub unter der Blütenfülle.
Leuchtende Blütenfarben können dann anstrengend, ja nahezu aggressiv auf den Betrachter
wirken. Eine Kombination mit
Blattschmuckpflanzen, z. B. mit
dem duftenden Mottenkönig,
mit Gundermann oder grünlau-
bigen Salbei- und *Origanum*-
Arten, lockert eine laute Farbwirkung auf und lässt sogar
einzelne Blütenpflanzen noch
besser zur Geltung kommen.

Einfach, aber sehr wirkungsvoll sind Ampeln, die mit nur einer buschig-
überhängenden Balkonblumen-Sorte bepflanzt werden.

Ampeln und Hanging Baskets

Mit Sommerblumen bepflanzte
Ampeln sind heute von Balkonen und Terrassen nicht mehr
wegzudenken. Langsam finden
auch die so genannten Hanging
Baskets, also Korbampeln oder
Mooskörbe, ihre Liebhaber.
Ihre Bepflanzung und Pflege ist
anspruchsvoller als die von

Ampeln, doch bei gelungenen
Pflanzenkombinationen ist
ihre Wirkung umwerfend. Im
angelsächsischen Sprach-
raum werden diese exklusiven
Pflanzenarrangements intensiv genutzt. In Großbritannien
zieren sie nicht nur Eingangsbereiche, Balkone und Terrassen von Wohnhäusern, Ge-
schäftsgebäuden und Pubs,
sondern auch kilometerweit
ganze Straßenzüge in den Städ-
ten. Hierfür werden sie einfach an den Straßenlaternen
aufgehängt.

Luftige Blütenfülle – Ampeln für den Balkon

Relativ einfach ist die Erstellung
einer Ampel. Im Fachhandel
wird eine umfangreiche Palette
von geeigneten Gefäßen angeboten: von preisgünstigen
Kunststoffgefäßen bis zu
schweren, edlen Terrakotta-
ampeln. Ihr Durchmesser reicht
meist von 25 cm mit einem Substratvolumen von etwa 3 l bis
hin zu 40 cm mit Platz für 13 l
Erde. Andere Maße zu wählen
erscheint wenig sinnvoll, denn

kleinere Gefäße trocknen zu schnell aus, und größere werden zu schwer. Weiterhin gibt es in den gleichen Maßen auch halb runde Wandkörbe.

Die Pflegemaßnahmen entsprechen denen eines Balkonkastens, eventuell muss man häufiger gießen. Vorteilhaft sind hierfür Ampeln mit einem Wasserreservoir oder eine Tröpfchenbewässerung.

Für einen geschlossenen, runden Blütenkranz werden die Pflanzen gleichmäßig auf der mit Erde befüllten Ampel verteilt. Das Gefäß sollte mindestens drei Pflanzen Platz bieten, kleine Gefäße mit nur zwei Pflanzen wirken unausgewogen.

Very british: Hanging Baskets zieren in Großbritannien Eingangsbereiche von Geschäften, Pubs und auch ganze Straßenzüge.

Auch hier gilt es, Sorten zu wählen, die vom Wuchscharakter wie auch von ihren Farben her harmonieren. Bei großen Ampeln mit 40 cm Durchmesser setzt man eine aufrecht bis buschig wachsende Pflanze in die Mitte und platziert in Abhängigkeit von der Wuchsstärke etwa sechs überhängende Pflanzen um sie herum. So entsteht keine leere Mitte, sondern eine großzügige Halbkugel.

Üppig und edel: Hanging Baskets

Noch beeindruckender für den Betrachter sind Hanging Baskets: Sie werden nicht wie Ampeln nur auf der Oberseite bepflanzt, sondern auch an den Seitenwänden des Gefäßes. Hierzu bedarf es spezieller Körbe, die sowohl aus einem Drahtgitter als auch aus Kunststoff sein können.

Der traditionelle Hanging Basket mit meist 25–35 cm Durchmesser besteht aus feuerverzinktem Draht, hat einen grünen Farbanstrich und wird vor der Bepflanzung mit grünem *Sphagnum*-Moos ausgekleidet. Das Moos wird getrocknet im Handel angeboten. Aber es gibt auch eine Reihe von alternativen Einsätzen zum Auskleiden

der Gitter- oder Plastikkörbe: Kokosfasermatten, wasserdichte Pappe (mit vorgestanzten Pflanzlöchern), Wollmatten und Ähnliches. Pappe nimmt viel Wasser auf, veralgt jedoch leicht.

Die Bepflanzung eines Baskets erfordert etwas Geschick. Verwendet werden hierbei Jungpflanzen oder sehr kleine Ware mit kleinem Wurzelballen, da man den Pflanzenballen von außen durch die Gitterstäbe stecken muss. Je nach Wuchsstärke werden für einen Korb mit 35 cm Durchmesser etwa neun bis zwölf Pflanzen benötigt: z. B. eine aufrecht bis buschig wachsende **Zentralpflanze** für die Mitte des Korbes, drei stärkerwüchsige Hängepflanzen für die obere **Randbepflanzung** und sechs Hängepflanzen mit etwas schwächerem Wuchscharakter für eine bis zwei **seitliche Bepflanzungsreihen**. Bei großen Körben können zusätzlich noch die Zwischenräume mit **Füllpflanzen** ergänzt werden.

Pflanzschritte für einen Hanging Basket

① Den Draht- oder Kunststoffkorb in eine Schale oder auf einen Topf stellen, damit er nicht wegrollen kann. Moos etwa 25 Minuten in Wasser einweichen. Anschließend die nassen Mooslappen von innen an die Gitterstäbe drücken. Am Boden des Korbes beginnen und nach oben arbeiten, bis das Moos etwa 2–3 cm über den oberen Rand hinausragt. Die Seitenrandstärke sollte etwa 2 bis 3 cm betragen. Alternativ hierzu kann der Basket auch mit Kokosfaser- oder Altpapiermatten ausgekleidet werden. Diese werden zur Vereinfachung passend zur Korbgröße angeboten. Zuletzt kann man noch einen Kunststoffuntersetzer auf den Korbboden legen, der als kleines Wasserreservoir dienen soll.

② Die Pflanzen werden in Reihen von unten nach oben in den Korb gesetzt. Hierfür füllt man den Korb zunächst mit einer Schicht Erde. Für die unterste Reihe sticht man nun mit den Fingern oder einem Messer gleichmäßig verteilt Pflanzlöcher in die Verkleidung. Der Pflanzabstand sollte etwa 10–15 cm betragen, je nach Wuchsstärke der Pflanze. Anschließend steckt man vorsichtig den Pflanzenballen von außen durch das Gitter und zieht gleichzeitig von innen.

Handwerkszeug für einen Hanging Basket: Drahtkorb, Mooslappen bzw. Kokosfaser- oder Altpapiermatten, gute Blumenerde, die Pflanzen und etwas Zeit.

① Den Gitterkorb mit Mooslappen bzw. Kokosfaser- oder Altpapiermatten von innen her auskleiden.

③ Ist die untere Etage mit Pflanzen besetzt, wird Erde nachgefüllt, bis die Pflanzenballen gut bedeckt sind. Die Erde leicht andrücken.

④ Nun kann die nächste Etage gepflanzt werden. Hierbei geht man wie bei der untersten Etage vor, nur dass die Pflanzen zur darunter liegenden Reihe versetzt angeordnet werden, also jeweils zwischen den darunter befindlichen Pflanzen. Anschließend wieder Erde nachfüllen und leicht andrücken.

⑤ Zuletzt wird die Oberseite des Baskets gepflanzt. In die Mitte des Korbes setzt man eine aufrecht bis buschig

wachsende Zentralpflanze, am Korbrand, versetzt zur darunter liegenden Reihe, die stärker hängenden Pflanzen.

Schritte ② bis ④: Etage für Etage die kleinen Pflanzballen vorsichtig durch die Gitter stecken und zwischendurch Erde nachfüllen.

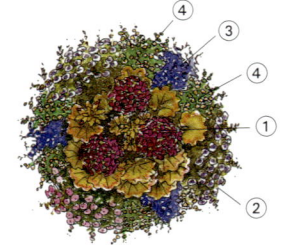

Bepflanzung eines Hanging Baskets
① Zentralpflanze, ② Stärkere Hängepflanze, ③ Kleinere Hängepflanze,
④ Blattschmuckpflanze (Füllpflanze)

Die Erde andrücken, eventuell mit restlichem Moos abdecken, gründlich mit einer feinen Brause angießen und den Korb aufhängen.

Hanging Baskets pflegen
Hanging Baskets benötigen eine intensivere Pflege als Ampeln. Wasser- und Nährstoffbedarf sind sehr hoch und erfordern bis zu drei Gießgänge am Tag. Hinzu kommt, dass durch das offene Gefäß und die große Oberfläche mehr Wasser verdunstet als vergleichsweise in einem Balkonkasten aus Kunststoff. Auch muss man beim Gießen sehr behutsam vorgehen, da sonst schnell das Gießwasser aus dem Basket tropft.

Erleichtert wird das Gießen durch einen Einfüllstutzen oder durch einen kleinen, leeren Topf, den man in den Korb einsetzt. Etwas sicherer ist die Verwendung eines Kunststoff-Baskets mit integriertem Wasserreservoir. Weiterhin ist es vorteilhaft, dem tonhaltigen Substrat einen Langzeitdünger mit 5–6 Monaten Wirkungsdauer beizumischen und die Vorratsdüngung eventuell im Spätsommer nochmals zu wiederholen bzw. mit einer Flüssigdüngung weiter zu düngen.

**Pflanzenauswahl
für Hanging Baskets**
Einfache Hanging Baskets kann man **mit nur einer Pflanzenart,** eventuell auch mit unterschiedlichen Farbsorten, gestalten. Attraktive Baskets ergeben sich z. B. mit Edellieschen, Fleißigen Lieschen und Hängefuchsien für halbschattige Plätze, Hängegeranien (z. B. 'Basky'-Line), kleinblütige Petunien und Zauberglöckchen für sonnige Standorte.
Anspruchsvoll und spannend ist eine Kombination **mit verschiedenen Pflanzenarten.** Bei einer ungünstigen Pflanzenkombination und -entwicklung kann der Basket jedoch im Hochsommer

Pflanzenbeispiele für gemischte Hanging Baskets	
Zentralpflanzen als Mittelpunkt	Aufrechte und buschige Sorten von Fuchsien und Geranien, Wandelröschen, Vanilleblume
Stärkere Hängepflanzen für die Randbepflanzung auf der Korboberseite	Hängende Sorten von Fuchsien und Geranien, kleinblütige Hängepetunien, 'Million Bells'-Zauberglöckchen, 'Temari'-, 'Tukana'- und 'Babylon'-Verbenen, Blaue Fächerblume, Schneeflockenblume, Ziererdbeere, Girlandenbegonien, Blaue Mauritius Als Blattschmuckpflanzen: Mottenkönig, Gundermann
Kleinere Hängepflanzen für die seitliche Bepflanzung	Lobelien, Aztekengold, Elfensporn, Elfenspiegel, Blaues Gänseblümchen, Gazanien
Füllpflanzen	Lobelien, Milliflora-Petunien, Fleißige Lieschen
Blattschmuckpflanzen	Heiligenkraut, Polsterknöterich, Zier-Oregano

Nicht nur für das Auge, sondern auch für den Gaumen ein Augenschmaus: Hanging Basket aus verschiedenen duftenden Kräutern.

speziellen Drüsenzellen gespeichert und von diesen wieder abgegeben. Mitunter bestehen die Duftnuancen aus 50–200 oder, wie bei der Ölrose, sogar aus 400 verschiedenen Komponenten. Ihre Zusammensetzung kann je nach Pflanzenstandort sehr individuell sein, da die Standortfaktoren – insbesondere Licht, Temperatur und angebotene Nährstoffe – die Produktion dieser Pflanzeninhaltsstoffe stark beeinflussen.

Bei Pflanzen mit duftenden Blättern, z. B. Duftpelargonien, vielen Heil- und Gewürzkräutern, geschieht die Verbreitung des Duftes bei Berührung. Mitunter

Die Duftproduktion ist u. a. auch stark tageszeitabhängig. So kann bei Blüten, die von nachtaktiven Bestäubern besucht werden, der Duft in den Abendstunden besonders stark sein (z. B. Engelstrompete und Ziertabak).

genügt bereits ein leichter Windstoß. Am deutlichsten wirkt der Duft, wenn man ein Blatt zwischen den Fingern reibt.

Vermutlich stellt der Duft einen natürlichen Schutz der Pflanzen vor dem Abgrasen durch

relativ struppig aussehen. Ein gelungener Hanging Basket aus verschiedenen Pflanzen gilt daher als Aushängeschild für hohes gärtnerisches Können.

Der Duftbalkon – Eldorado für die Nase

In einem Drittel aller Pflanzenfamilien gibt es Arten, die duftende Substanzen produzieren, etwa ätherische Öle, Balsame und Harze. Solche intensiv duftenden ätherische Öle werden von den Pflanzen in

Ein solches Duftkabinett zieht nicht nur Insekten, sondern auch Blicke und Nasen auf sich: Lavendel, *Lantana montevidensis* mit duftenden, fliederfarbenen Blütendolden, gelb-grün panaschierter Zitronenthymian und auberginefarbener Salbei.

Tiere bzw. vor dem Befall mit Schädlingen dar. Anders die Blütendüfte: Hier dient die Verbreitung des Duftes der Vermehrung, nämlich der Anlockung von potenziellen Bestäubern, und geschieht spontan, ohne äußeren Einfluss.

Düfte haben die Menschheit schon seit grauer Vorzeit in ihren Bann gezogen. Archäologische Funde, z. B. in den Pharaonengräbern, haben immer wieder bestätigt, dass sich die Menschen schon vor zehntausend Jahren mit Duftpflanzen und aromatischen Heilpflanzen umgeben haben. Mit Wohlge-

Eine Auswahl duftender Pflanzen für Balkon und Terrasse

Pflanzenart	Botanischer Name	Blütenfarbe	Verwendung	Bemerkung
Topf- und Hängenelken	*Dianthus caryophyllus*	Weiß, gelb, rot, rosa	Balkonkasten, Ampeln	Duftende Blütenpflanze, besonders geeignet für Gebirgsregionen
Vanilleblume	*Heliotropium arborescens*	Blauviolett, weiß	Balkonkasten, Schalen, große Töpfe	Warmer Vanilleduft der Blüten
Duftsteinrich	*Lobularia maritima*	Weiß, blau und gelbe Töne	Balkonkasten, Ampeln, Unterpflanzung von Kübeln	Intensiv nach Honig duftend
Elfenspiegel	*Nemesia fruticans*	Weiß	Balkonkasten, Ampeln	Nur Blüten der weißen Sorten duften
Ziertabak	*Nicotiana alata*	Weiß	Balkonkasten, Kübelpflanze	Betörender Blütenduft in der Dämmerung
Verbenen	*Verbena-*Hybriden	Weiß, rot, rosa, blauviolett	Balkonkasten, Ampeln	»Schnuppertest« beim Einkaufen, nicht alle Sorten duften
Zitronenverbene	*Aloysia triphylla*	Violett	Kübelpflanze	Frischer Zitrusduft der Laubblätter
Götterduft	*Coleonema album*	Weiß	Kübelpflanze	Duftende, kleine Blüten
Schokoladenkosmee	*Cosmos atrosanguineus*	Samtiges Rotbraun	Kübelpflanze	Blüten duften toll nach Schokolade
Bartnelken	*Dianthus barbatus*	Weiß, rot, rosa	Kübelpflanze	Schwerer Blütenduft
Lavendel	*Lavandula angustifolia*	Blauviolett	Kübelpflanze	Niedrige Sorten eignen sich auch für Balkonkästen
Levkoje	*Matthiola incana*	Weiß, rosa, purpur, lavendelfarben	Kübelpflanze	Topfsorten verwenden, mit duftenden Blüten
Englische Rosen und andere Rosenarten bzw. -sorten	*Rosa-*Hybriden	Weiß, gelb, rosa, rot, lavendelfarben	Kübelpflanze, bzw. auch als Kletterpflanzen	Schwere Blütendüfte
Salbei	*Salvia greggii*	Weiß, orange, rot, blau	Kübelpflanze	Kleine, duftende Blüten
Duftwicken	*Lathyrus odoratus*	Weiß, rot, rosa, lila	Kletterpflanze	Alte Sorten verwenden, süßer Blütenduft

Weitere Details siehe bei den Pflanzenporträts Seite 67 ff.

ruch und Düften wurden im alten Ägypten Göttlichkeit, Reinheit und Kraft assoziiert. Heute sind aromatische Essenzen zu wichtigen Elementen moderner Therapien geworden, insbesondere der Aromatherapie. Hierbei wird die harmonisierende Wirkung von ätherischen Ölen benutzt, um bei einem unausgeglichenen Zustand, z. B. bei nervösen Verspannungen, Gereiztheit, Depressionen, Angstzuständen, aber auch bei Schnupfen und Husten, wieder zum Gleichgewicht zurückzufinden.

Die leuchtenden Früchte verschiedener Balkongemüse-Arten schmecken nicht nur köstlich, sondern setzen auch farbliche Akzente auf Balkon und Terrasse.

Viele Pflanzendüfte können das geistig-seelische Gleichgewicht beeinflussen und tragen somit zu einem gesteigerten körperlichen Wohlbefinden bei. Eine richtige Auswahl duftender Pflanzen auf dem Balkon kann also zu einer positiven Wirkung auf den Gemütszustand führen. Bei so manchem »Gestressten« bringt das Schnuppern an einer duftenden Pflanze die Stimmung wieder ins Lot und weckt angenehme Erinnerungen.

Gestaltung einer Duftoase

Dazu können verschiedene duftende Kübelpflanzen, Stauden, Kräuter und Balkonblumen miteinander arrangiert werden. Viele unserer üppig blühenden

Balkonpflanzen haben im Laufe der Pflanzenzüchtung zu Gunsten von Blühreichtum und Großblütigkeit ihren natürlichen Duft eingebüßt. Die Auswahl älterer Sorten, z. B. bei Verbenen, die vielleicht weniger blühen aber dafür umso intensiver duften, lohnt sich. Mit Duftpflanzen lässt sich ein edles oder insbesondere mit anregenden Zitrusdüften ein mediterranes Ambiente schaffen. Dies sollte auch bei der Auswahl der Gefäße berücksichtigt werden. Ein Plastiktopf wirkt hier eher fehl am Platz, während schlichte, edle Terrakottagefäße den Zauber des Gesamtbildes unterstreichen.

Kulinarische Höhepunkte: Balkongemüse und Kräuter

Selbst gezogene Gemüsearten und Kräuter von einem noch so kleinen Balkon sind ein ganz besonderes Vergnügen. Nicht nur die Freude über eine gelungene Kultur ist groß, sondern die Früchte der Gartenarbeit lassen sich auch kulinarisch verwerten und sind, selbst geerntet und vollreif, besonders wohlschmeckend.

Kräuterkombinationen in einem Balkonkasten wirken keinesfalls langweilig. Von vielen Arten gibt es inzwischen panaschierte (gefleckte) und buntblättrige

Mitunter dauert bei wärmelieben-
den Gemüsearten wie Tomaten,
Paprika und Auberginen die Anzucht über zehn Wochen, sodass
man besser größere Jungpflanzen
im Frühsommer beim Gärtner kauft.

Sorten, die nicht nur auf dem
Balkon eine große Zierde sind,
sondern auch in verschiedens-
ten Speisen. Lavendel, Ysop,
Rosmarin, Salbei u. a. begeis-
tern zudem auch durch attraktive Blüten. Unter den **Gemüsearten** eignen sich besonders
solche mit leckeren Früchten
und langer Erntezeit, wie Busch-
und Stabtomaten (vorzugsweise
rote und gelbe Kirsch- und
Cocktailtomaten), Gemüse- und
Gewürzpaprika, Auberginen und
exotische Andenbeeren *(Physa-
lis peruviana)*. Sie gedeihen am
besten an einem geschützten,
warmen und sonnigen Standort
und können ab Mitte Mai auf
den Balkon geräumt werden.
Auch Feuerbohnen, Zuckermais,
Erdbeerspinat, Zucchini, Ein-
lege- und Freilandsalatgurken
sind zu empfehlen. Für **Salate**
pflanzt man am besten mehr-
mals kleinere Sätze, wobei besonders der köstliche, aromatische Rucola zu empfehlen ist.
Auch **Kräuter** wie z. B. Thymian,
Basilikum, Schnittlauch, Petersilie, Dill, Salbei, Lavendel, Zi-
tronenminze und andere Minze-
Arten wollen hell und sonnig
stehen. Für sie eignet sich auch
noch ein halbschattiger Balkon.

Anzucht und Pflege

Zu Beginn der Balkonpflanzen-
zeit werden im Fachhandel
verschiedenste Balkongemüse-
und Kräutersorten angeboten.
Die neu erworbenen Pflanzen
wollen möglichst schnell umge-
topft werden. Bei der Auswahl
der Gefäße sollte man für
Fruchtgemüse-Arten auf große,
schwere Kübel mit einem
Volumen von 10 l und mehr
zurückgreifen. Kleinere Gefäße
trocknen zu schnell aus und bieten zu geringe Standfestigkeit.
Dunkle Plastikcontainer erhitzen sich zu stark; in diesem Fall
ist ein Übertopf sehr sinnvoll.
Bei Tomaten, Gurken und Feuerbohnen müssen die Triebe an
Stäben aufgeleitet werden.
Oder man befestigt eine Schnur
an der Balkondecke.

Mit Kräutern und kleinen Fruchtgemüse-Arten lässt sich in alten Tontöpfen und
bunten Keramiktöpfen ein rustikales, mediterranes Ambiente zaubern.

Kräuter auf dem Balkon

Kräuter lassen sich sehr schön als schmuckes Mini-Kräuterbeet in Balkonkästen, aber auch in Ampeln und Hanging Baskets arrangieren. Der rustikale Charakter lässt sich durch eine Kultur in Terrakottagefäßen, bunten Keramiktöpfen, Holztrögen und Weidenkörben vorteilhaft unterstreichen.

Kräuter wollen etwas behutsamer gedüngt und gewässert werden. Bei hart- und kleinlaubigen Kräutern sollte man daher das Substrat mit grobem Sand abmagern. Eine Dränageschicht am Boden schützt zusätzlich vor Staunässe. Regelmäßiges Abernten der Triebspitzen führt bei vielen Kräutern zu einem buschigen, kugeligen Aufbau. Mehrjährige, verholzende Kräuter können in einem hellen, frostfreien Raum überwintert werden. Für die nächste Balkonsaison sollten die Pflanzen dann im zeitigen Frühjahr knapp über dem alten Holz zurückgeschnitten werden.

Eine Auswahl interessanter Küchenkräuter für Balkon- und Terrassengärten

- **Ein- und zweijährige Arten:** Basilikum, Bohnenkraut, Borretsch, Dill, Kerbel, Majoran, Petersilie, Rucola.
- **Mehrjährige Arten:** Ananassalbei, Bergbohnenkraut, Estragon, Currykraut, Lavendel, Liebstöckel, Minze-Arten, Origanum, Pimpernelle, Rosmarin, Salbei, Schnittknoblauch, Schnittlauch, Thymian, Ysop, Zitronenmelisse, Zitronenverbene.

Eine kleine Auswahl exklusiver Duft- und Gewürzkräuter für den Balkon-Gourmet		
Duft- und Gewürzkräuter	**Botanischer Name**	**Bemerkung**
Französischer Estragon	*Artemisia dracunculus* 'France'	Mehrjährig
Ysop, Essigkraut	*Hyssopus officinalis*	Mehrjährig; weiß, rosa und blau blühende Sorten
Ananasminze, Apfelminze Orangenminze	*Mentha rotundifolia* *Mentha × piperita* var. *citrata*	Minze-Arten mit unterschiedlichen Duft- und Geschmacksrichtungen
Multi-Pfefferminze	*Mentha × piperita* 'Multimentha'	
Rotblättriges Basilikum	*Ocimum*-Hybriden 'Oase', 'Oman'	Einjährig; auch sehr kleinblättrige Sorten, Blüten in Dunkelrosa
Pizza-Oregano	*Origanum vulgare* ssp. *viride* var. *heracleoticum*	Mehrjährig; blaugrünes Laub, weiße duftende Blüten
Englischer Majoran	*Origanum vulgare* ssp. *vulgare* 'Thumble's Variety'	Laubblätter in goldgelbem Lindgrün
Korsischer Rosmarin	*Rosmarinus officinalis* 'Corsican Blue'	Mehrjährig; ab Spätsommer himmelblaue Blüten
Zitronenthymian Orangenthymian	*Thymus × citriodorus* *Thymus vulgaris* var. *fragrantissimus*	Mehrjährig; auch Sorten mit weißgrün und gelbgrün panaschierten Blättern und zartrosa bis violetten Blüten
Provence-Thymian	*Thymus vulgaris* 'Fleur Provencale'	
Weitere Arten siehe bei den Pflanzenporträts Seite 67 ff.		

Begrünte Wände und Kletterpflanzen schirmen von der hektischen Außenwelt ab und geben Geborgenheit.

pflanzen setzen farbige Akzente und duftende Kletterpflanzen beleben die Atmosphäre auf dem Balkon. Zur Begrünung eignen sich sowohl **einjährige** als auch **mehrjährige Schling- und Kletterpflanzen.** Mehrjährige Kletterer brauchen frostharte Gefäße und einen dicken Winterschutz gegen tiefe Fröste und gegen Trockenschäden durch die intensive Frühjahrssonne bei noch gefrorenem Boden.

Für Romantiker: der Balkon als Gartenlaube

Kahle Wände und auch die Überdachung eines Balkons lassen sich wunderbar begrünen; dies verwandelt den Balkon in eine romantische Gartenlaube, eine Rückzugsmöglichkeit zum Entspannen und Träumen. Solche begrünten Wände bieten nicht nur einen Schutz vor neugierigen Blicken, sondern auch vor Sonne, Regen und störendem Lärm. Auch mit frei stehenden begrünten Wänden gelingt es, sich eine grüne Nische zu schaffen.

Die Gestaltungsmöglichkeiten sind sehr vielfältig: Grünpflanzen wie Efeu und Wilder Wein schaffen Behaglichkeit, Blüten-

Für die Begrünung von Wänden eignen sich Seilverspannungen.

Begrünen mit Kletterpflanzen

Bei einer Kombination mehrerer Kletterpflanzen ist es vorteilhaft, jeder Pflanze ein eigenes Gefäß zu bieten, da Wasser- und Düngeransprüche der Arten oft stark variieren. Bei

Freitragende Kletterhilfen werden in ein schweres, standfestes Gefäß eingesenkt oder an einer Wand befestigt.

einjährigen wie auch bei mehrjährigen Kletterpflanzen müssen
mit dem Einpflanzen gleichzeitig
Kletterhilfen und Pflanzstützen
angebracht werden. Berücksichtigen Sie dabei die Kletterweise:
• **Ranker,** wie Glockenrebe,
Kapuzinerkresse, Duftwicke,
Clematis, Wein und Wilder
Wein, bilden zierliche Rank-
organe aus, die sich nur an
dünnen Kletterstäben, Schnü-
ren und Bambusstäben gut
festhalten können. Diese werden am besten als Netz oder
Gitter auf den Balkonwänden
oder als frei stehende Spalier-
wände angebracht.
• **Schlinger,** wie Prunkwinde,
Schwarzäugige Susanne,
Feuerbohnen, Hopfen und
Kiwi, umfassen mit ihren Trieben die Haltevorrichtungen
spiralförmig. Für sie eignen
sich am besten Kletterdrähte
und verzinkte oder gestrichene
Baustahlmatten mit unregel-
mäßiger Oberfläche, gespann-
te Schnüre in Scherengitter-
form oder Bambusstabgitter
mit bis zu 2 cm Stabdurch-
messer zum Greifen. Beim an-
fänglichen Aufleiten die Rank-
richtung (im oder gegen den
Uhrzeigersinn) beachten!
• Kletterrosen zählen zu den
Spreizklimmern: Sie halten
nicht unbedingt von alleine

Mit begrünten, freistehenden Wänden lassen sich auf Balkonen und Terrassen kleine, behagliche Gartenlauben arrangieren.

fest, sondern müssen z. B. an
einem an der Wand befestig-
ten Scherengitter festgebun-
den werden. Für sie eignen
sich Konstruktionen aus Lat-
ten, Stäben, Spannseilen aus
Draht mit horizontaler Aus-
richtung.
• Schattige Standorte lassen
sich auch mit **selbstkletter-
den Pflanzen** hervorragend
begrünen, z. B. mit verschiedenen Efeuarten. Efeu klettert
mit speziellen Haftwurzeln von
alleine. Dies kann jedoch die
Unterlagen, z. B. den Putz,
evtl. in Mitleidenschaft ziehen.
Nicht zuletzt sollte auch an
eine **Unterpflanzung der Kletterpflanzen** gedacht werden.
Zierliche, farblich abgestimmte
Sommerblüher, die die Topf-
oberfläche überziehen, unter-

streichen das naturnahe Ambiente und bieten zudem am Fuß
einen Schutz vor Austrocknung
und Überhitzung.

Die schönsten Balkonpflanzen

In guten Fachgärtnereien blühen und gedeihen zu Beginn der Balkonsaison im Mai nahezu hundert verschiedene Arten und Sorten! Doch wer die Wahl hat, hat auch die Qual der Entscheidung: Welche Arten und Sorten für welche Wünsche und Standortverhältnisse genau die richtigen sind, verraten die folgenden Porträts.

Starkwüchsige Strauchmargeriten-Sorten eignen sich in erster Linie für Büsche und Hochstämmchen.

Auf den folgenden Seiten werden ausgewählte Pflanzenarten für die Balkongestaltung vorgestellt. Dabei wurden die Blütenpflanzen für den Balkon in Gruppen eingeteilt: Je nachdem, wie leicht die Arten zu pflegen und wie gut sie im Handel erhältlich sind, unterscheiden wir ein Standardsortiment und ein Liebhabersortiment. Innerhalb der Sortimentsgruppen sind die Pflanzen nach botanischen Namen von A bis Z geordnet.

Das **Standardsortiment** umfasst pflegeleichtere Arten, die mit geringem Aufwand auf keinem Balkon enttäuschen. Mit nur wenigen Tricks blühen sie ab Mai bis fast zum Frosteinbruch. Sie zählen zu den so genannten Hauptsorten unter den Sommerblumen und werden in jeder

Gärtnerei angeboten. Für Einsteiger und »Business People« mit wenig verfügbarer Zeit sind sie genau das Richtige. Keinesfalls ist dieses Sortiment altmodisch oder langweilig. Gerade neuere Arten und Sorten zählt man heute zum Standardsortiment einer jeden Gärtnerei, denn längst haben die Züchter die Wünsche ihrer Kunden erkannt: Sie wollen reich blühende, unkomplizierte Sorten in großer Farbauswahl.

Für Pflanzenfans und für alle Neugierigen gibt es zusätzlich ein kleines **Liebhabersortiment.** Diese Pflanzen sind etwas anspruchsvoller und erwarten für eine reiche Blühleistung ein bisschen mehr Zuwendung von ihren Besitzern.

Zu einer Gestaltung mit üppigen Blütenpflanzen gehören **Blattschmuckpflanzen,** auch als **Strukturpflanzen** bezeichnet. In einer bunten Kombination wirken sie als Ruhepol und entspannend auf die Augen des Betrachters.

Für Duft- und Würzkrautfreunde wurde eine kleine Auswahl an **Duftpflanzen** zusammengestellt, die teilweise sogar eine kulinarische Verwendung erlauben. Zuletzt folgen noch die **Kletterpflanzen.** Sie schaffen Sichtschutz und Geborgenheit auf Balkon und Terrasse und bezaubern mit wunderschönen Blüten. Die empfohlenen Sorten erhalten Sie in jeder gut sortierten Gärtnerei (siehe auch Seite 92). Bei den **Pflegehinweisen** erfol-

◄ Mini-Hängepetunien 'Piccolo' sind unermüdliche Blüher bis zum Spätherbst. Ihre im Vergleich zu den 'Surfinia'-Petunien kleineren Blüten sind etwas witterungsstabiler.

Ungleichmäßige Wasser- und Düngegaben und vergessenes Ausputzen führen dazu, dass die Strauchmargariten in ausgeprägten Schüben blühen und der Blütenreichtum zum Herbst hin abnimmt.

gen Angaben zur Düngerkonzentration wie bei den Profigärtnern in %. Die Umsetzung ist denkbar einfach; z. B. werden für eine 0,2%ige Düngerkonzentration 2 g eines festen Düngers bzw. 2 ml eines Flüssigdüngers in 1 l Gießwasser aufgelöst.

Das Standardsortiment: blütenreich und zuverlässig

Strauchmargerite
Argyranthemum frutescens
(Syn.: *Chrysanthemum frutescens*)

Allgemeines: Die Ursprungsart unserer heutigen Sortenpalette ist ein 1 m hoher, weißblühender Strauch der Kanarischen Inseln. Durch Kreuzungen mit anderen *Argyranthemum*-Arten entstanden neben den weißen auch in gelben und in pink-

Tönen blühende Sorten mit einfachen oder gefüllten Einzelblüten.

Blütezeit: Mai bis Frosteinbruch.

Standort: Vollsonnige Standorte sind Voraussetzung für eine reiche Blüte. Gute Windverträglichkeit.

Pflege: Strauchmargeriten sind sehr nährstoffbedürftig. Als Topferde empfehlen sich nährstoffreiche und tonhaltige Blumenerden, z. B. Einheitserde T. Einen Monat nach der Pflanzung kann mit einer kontinuierlichen Düngung von wöchentlich 0,3 % eines ausgewogenen Volldüngers begonnen werden. Verwelkte Blütenstände regelmäßig entfernen, um ständig eine neue Blütenbildung anzuregen.

Pflanzen, die zur Überwinterung vorgesehen sind, sollten ab Anfang September nicht mehr gedüngt und in einem hellen und luftigen Winterquartier bei Temperaturen zwischen 5 und 10 °C überwintert werden. Im Frühjahr, vor dem erneuten Austriebsbeginn, die Pflanzen um ein Drittel zurückzuschneiden.

Pflanzenschutz: Minierfliegen, Wurzelkropf, seltener Blattläuse, Weiße Fliege und Spinnmilben.

Zu den schönsten und zuverlässig blühenden Strauchmargeriten zählt die tiefrosa, gefüllt blühende Sorte 'Sommer Melody'.

Sorten: Für eine Balkonkasten-bepflanzung schwächer und kompakt wachsende Sorten wählen, z. B. die weiße 'Dana'. Wüchsiger sind die zitronengel-be 'Butterfly' und die tiefrosa, gefüllt blühende 'Summer Melody'.

Knollen- und Girlanden-begonien
Begonia-Knollenbegonien-Hybriden

Allgemeines: Die Elternarten der Knollenbegonien sind Stau-den aus den Anden, die als Knolle überwintern. Das heutige Sortiment unterteilt sich in ste-hende, halbhängende und stark hängende Sorten, z. B. die Gir-landenbegonien. Deren lang herabhängende, stark verzweig-te Triebe mit schmalem, zierli-chem Laub sind übersät von den bis zu 10 cm großen, locker ge-füllten, porzellanartigen Blüten.
Blütezeit: Mai bis Ende Okto-ber.
Standort: Halbschattig, bevor-zugt regen- und windgeschützt, da die Triebe bei Belastung leicht brechen. Nur bei gleich-mäßiger Wasserversorgung auch für geschützte, sonnige Balkone geeignet.
Pflege: Als Substrat gute Blu-menerde wählen, z. B. Einheits-erde. Die wärmebedürftigen Pflanzen erst ab Mitte Mai aus-pflanzen. Vier Wochen später mit der Nachdüngung beginnen von wöchentlich 0,2 % eines Volldüngers. Die Pflanzen gleichmäßig feucht halten, aber Staunässe auf jeden Fall ver-meiden. Abgeblühte Blüten regelmäßig entfernen, um die Entstehung von Blüten-Grau-schimmel zu vermeiden.
Pflanzenschutz: Knollenbego-nien werden bei lang anhal-tender Regenperiode und im Spätherbst oft von Echtem und Falschem Mehltau befallen. Beste Vorbeugemaßnahme ist die Wahl eines luftigen und regengeschützten Standortes. Befallene Blätter entfernen.
Sorten: Schöne stehende Sor-ten sind z. B. die 'Nonstop'-Serie und 'Pin Up Flamme' mit einfachen, orangegelben Blü-ten. Die gefüllt blühende, halb-hängende 'Panorama'-Serie und die Girlandenbegonien der 'Illu-mination'-Serie gibt es in den Farben Weiß, Lachsrosa, Zartro-sa und Apricot, die Sorte 'Panorama' auch in Gelb. 'Illu-mination Weiß' ist sehr stark-wüchsig, die apricotfarbige Sorte bezaubert durch ihr Far-benspiel von Gelb bis Orange und Apricot.

Den ganzen Sommer hinweg entwickelt die attraktivste der starkwüchsigen Girlandenbegonien – 'Illumination Apricot' – große, gefüllte Blüten in einem Farbspiel von Gelb über Orange bis Apricot.

Große, gefüllte, so genannte Fibratablüten (siehe Bild unten) in den Farben Lachsorange und Rosa tragen die schönen 'Tenella'-Begonien. Ihr Wuchs-charakter ähnelt dem der Girlandenbegonien.

Die überhängenden 'Tenella'- Begonien zeichnen sich durch ihre Reichblütigkeit bis zum Frost und die ungewöhnlichen Fibrata-Blüten aus.

Goldzweizahn
Bidens ferulifolia

Allgemeines: Die buschige, 50–60 cm hohe und kurzlebige Staude mit den goldgelben, duftenden Blüten ist in Mexiko und Arizona beheimatet. In den Süd-USA und in Lateinamerika gilt sie als hartnäckiges Unkraut in Mais-, Getreide- und Sojafeldern. Der Name Zweizahn geht auf die Früchte, die mit zwei widerhakigen Fortsätzen versehen sind, zurück. Infolge der enormen Wuchskraft neigen *Bidens* dazu, Partnerpflanzen im Balkonkasten bereits nach wenigen Wochen zu überwuchern. Die

Die goldgelben Blüten von *Bidens ferulifolia* 'Peter's Goldteppich'[(P)] verströmen einen zarten Duft.

Züchtung konzentriert sich daher heute auf kompakt wachsende Sorten mit größeren, leuchtenden Einzelblüten.

Blütezeit: Anfang Mai bis Oktober. Sehr hohe Fernwirkung der gelben Blüten.

Standort: Vollsonnig bis halbschattig, jedoch weniger Blüten an halbschattigen Standorten.

Pflege: *Bidens ferulifolia* zählt zu den wasser- und nährstoffbedürftigsten Balkonpflanzen. Als Substrat eignen sich nährstoffreiche Blumenerden mit 20 bis 30 %igem Tonanteil bzw. einer Kompostbeimischung bis 40 %. Nach dem Einwurzeln wöchentlich ein- bis zweimal mit 0,2–0,3 % eines Volldüngers düngen. Pflegeleichte Kultur, nur Trockenheit führt schnell zu Blütenfall. Falls die Pflanzen zu wuchtig werden und Nachbarpflanzen zu überwachsen drohen, ist ein Rückschnitt empfehlenswert.

Pflanzenschutz: Robuste Pflanze. Selten Weiße Fliege und Thripse; Echter Mehltau, v. a. bei hoher Tagtemperatur und sehr kühlen Nächten.

Sorten: 'Goldmarie'(sehr starkwüchsig), 'Goldie' (kompaktere Sorte), 'Golden Star', 'Compact Selection' (kompaktere, sehr reichblütige Sorten) und 'Peters Goldteppich' (größere Blüten).

Zauberglöckchen
Calibrachoa-Hybriden

Allgemeines: Obwohl hängende *Calibrachoa*-Hybriden kleinblütigen Hängepetunien ähneln, handelt es sich hier um eine eigene Pflanzengattung. Vor wenigen Jahren wurde sie durch Zufall in einem brasilianischen Weinberg entdeckt. Nach erfolgreicher züchterischer Bearbeitung in Japan erobern sich die Zauberglöckchen seit ihrer Markteinführung 1997 auf Grund ihrer enormen Reichblütigkeit immer mehr unsere Balkone.

Blütezeit: Mai bis Frosteinbruch. Einige Sorten schließen bei Regen und bei Dunkelheit die Blüten.

Standort: Sonnig. Relativ wetterfeste Pflanzen.

Pflege: *Calibrachoa*-Hybriden sind pflegeleicht, jedoch sehr wasser- und nährstoffbedürftig. Als Topferde eignen sich nährstoffreiche, leicht saure Einheitserden. Drei Wochen nach der Pflanzung kann mit einer Düngegabe von 0,2–0,3 % eines Volldüngers ein- bis zweimal je Woche begonnen werden. Werden die jüngeren Blätter gelb, ist eine sofortige Eisen-Düngung zu empfehlen; die Pflanzen erholen sich damit innerhalb einer Woche.

Einen tollen Farbkontrast ergibt die Kombination kirschrot und blauviolett blühender Zauberglöckchen mit dem gelben Goldzweizahn.

Pflanzenschutz: Nach Regenperioden ist Befall von Echtem und Falschem Mehltau möglich. Blattläuse.
Sorten: Am Markt sind drei Sortengruppen erhältlich: 'Million Bells', 'Trailing Million Bells' und 'Carillons', jeweils in verschiedenen Farbtönen. Sorten in Kirschrot, in Terrakotta und in Rot wachsen stärker und breit ausladend, während pink, blauviolett und weiß gefärbte Sorten

sich sehr gleichmäßig und kriechend-überhängend entwickeln. Die Sorten 'Million Bells Terracotta' und 'Million Bells Cherry' reagieren sehr empfindlich auf Staunässe. Mitunter kann in wenigen Tagen die Pflanze komplett zusammenbrechen! Daher lieber etwas trockener als zu nass kultivieren.

Fuchsie
Fuchsia-Hybriden und *F.*-Triphylla-Hybriden

Allgemeines: Als der französische Pater Charles Plumier Anfang des 17. Jahrhunderts die erste Fuchsie aus Santo Domingo in der Karibik nach Europa brachte, konnte er nicht ahnen, dass in den folgenden Jahrhunderten bis heute etwa 10 000 Fuchsien-Sorten gezüchtet werden sollten. Die Sortenvielfalt umfasst stehende und hängende Typen mit einfachen, halbgefüllten und gefüllten Blüten in violetten, rosaroten, roten und weißen Farbtönen sowie zweifarbige Sorten. Schlankere, länglichere Blüten haben die *Fuchsia*-Triphylla-Hybriden mit ihren traubigen Blütenständen und den langen Einzelblüten.
Blütezeit: Mai bis Oktober. Manche Sorten reagieren bei

Zauberglöckchen reagieren sehr stark auf Eisenmangel. Besonders sensibel ist die weiße Sorte. Bei hartem Gießwasser deshalb vorsorglich in leicht saure Erde (z. B. Surfinia-Erde) topfen und einmal pro Monat zusätzlich einen speziellen Eisen-Dünger geben.

großer Hitze mit einer reduzierten Blühleistung.
Standort: Halbschatten. Im Schatten werden weniger Blüten gebildet. Einige Sorten eignen sich auch für sonnige Standorte, darunter die *Fuchsia-*

Die Gattung *Fuchsia* wurde nach dem im 16. Jahrhundert wirkenden Arzt und Botaniker Leonhard von Fuchs aus dem bayerischen Wemding benannt.

Die für sonnige Standorte geeigneten *Fuchsia*-Triphylla-Hybriden sind erkennbar an ihrem dunkleren Laub und an den langröhrigen Blüten.

Triphylla-Hybriden (z. B. 'Koralle', 'Leverkusen' und 'Thalia') und die sonnenverträgliche 'Sunangels'.
Pflege: Für die Pflanzung lockere und gut durchlüftete Blumenerde (z. B. Einheitserde) wählen. Fuchsien sind zwar nährstoffbedürftig, reagieren aber sehr empfindlich mit Wachstumspausen auf höher konzentrierte Düngemischungen. Deshalb kontinuierlich mit einer schwachen Düngelösung von 0,08 % eines Volldüngers gießen. Für einen anhaltenden Blütenflor Fruchtansatz regelmäßig entfernen, Wurzelballen nie austrocknen lassen und die Düngung nicht vernachlässigen. Sollen Pflanzen überwintert werden, ab Anfang September die Düngung einstellen und in einen hellen Raum mit 4–8 °C Überwinterungstemperatur einräumen.
Pflanzenschutz: Spinnmilben, Weiße Fliege, Blattläuse und Fuchsienrost.
Sorten: Unglaubliche Sortenvielfalt. Viele Blüten im Halbschatten entwickelt die neue Serie 'Shadow Dancer'. Sehr attraktiv als Solitärpflanze und als Ampeln sind die Kalifornischen Traumfuchsien mit ihren großen, gefüllten Blüten. In jüngster Zeit werden auch vermehrt sonnenverträgliche Fuchsien angeboten, z. B. die neue Sorte 'Sunangel Aloha'. Für sonnige Standorte eignen sich ebenso die Triphylla-Fuchsien.

Gazanie
Gazania-Hybriden

Allgemeines: Heimatgebiet der einjährigen, bis 25 cm hohen und leicht überhängenden Gazanien ist das tropische, südliche Afrika, sie sind jedoch auch in Spanien eingebürgert. Mit ihren leuchtenden, großen Blüten setzen sie Lichtpunkte auf sonnigen Balkonen.
Blütezeit: Mai bis Ende Oktober.
Standort: Nur für vollsonnige Balkone. Nachts, bei schlechter Witterung und im Schatten schließen sich die Blüten.
Pflege: Zur Pflanzung ein gut durchlässiges Substrat wählen. Behutsam gießen. Trockenere Kultur fördert die Blühwilligkeit, jedoch darf der Wurzelballen nicht austrocknen. Vier Wochen nach der Pflanzung mit einer regelmäßigen Düngung beginnen, entweder wöchentlich mit 0,2 % eines Volldüngers oder mit einer 0,1%igen Düngelösung bei jeder Wassergabe. Abgeblühte Blütenstände regelmäßig entfernen, um die Blühleistung zu erhalten.
Pflanzenschutz: Blattläuse.
Sorten: Es gibt sowohl über Stecklinge als auch über Saatgut vermehrte Sorten in den Farben Weiß, Gelb, Orange (z. B. 'Orange Magic'), Rosa und Bronze, z. T. mit silbrigem Laub (z. B. 'Sonnengold') oder mit gefüllten Blüten. Eine attraktive Zeichnung auf den Blütenblättern besitzen z. B. die Sorte

Die auffallenden Blüten der schönen Gazaniensorte 'Morgensonne Gelb mit Roten Streifen' können einen Durchmesser von 7 cm und mehr besitzen.

'New Magic' und die großblütige Sorte 'Morgensonne Gelb mit Roten Streifen', beide in Gelborange mit schwarzbraunen Streifen auf den Blütenblättern.

Blütezeit: Mai bis Oktober.
Standort: Für reiche Blüten- und Duftentwicklung bevorzugt sonnige Plätze, aber auch lichtreicher Halbschatten ist möglich.

Wind- und regengeschützte Standorte sind zu empfehlen, da bei anhaltender Nässe die Blüten faulen.
Pflege: Der Nährstoff- und Wasserbedarf ist in den Sommermonaten hoch. Vier Wochen nach der Pflanzung in nährstoffreiche Blumenerde (z. B. in Einheitserde T) mit einer kontinuierlichen Düngung von 0,2 % eines Volldüngers beginnen. Das Entfernen der abgeblühten Blütenstände fördert die Blühwilligkeit. Büsche und Hochstämmchen können bei Temperaturen von 5–10 °C an einem hellen Ort überwintert werden.
Pflanzenschutz: Grauschimmel

Vanilleblume
Heliotropium arborescens

Allgemeines: Der immergrüne, aufrecht wachsende Strauch mit den angenehm nach Vanille duftenden, blauvioletten Blüten stammt ursprünglich aus den peruanischen Anden. Bei uns wird er sowohl als Balkonpflanze als auch als attraktive Kübelpflanze oder als Hochstämmchen angeboten. *Heliotropium arborescens* verzaubert Balkone nicht nur durch seinen Duft, er lockt auch Schmetterlinge an.

Schnuppern ist beim Einkaufen der Vanilleblume angesagt: Nicht alle Sorten duften intensiv.

bei anhaltenden Schlechtwetterperioden, Blattläuse, Spinnmilben.

Sorten: Überwiegend sind blauviolette Sorten im Handel, z. B. die starkwüchsigen 'Marine', 'Marino 2 000', 'Nagano', die kompakter und buschig wachsende Sorte 'Atlanta' und die kleinwüchsige 'Baby Marine'. Es gibt außerdem weiße Sorten.

Edellieschen
Impatiens-Neuguinea-Hybriden

Die Farbpalette der Edellieschen reicht von weiß über orange, rosa, rot und violett bis hin zu zweifarbig blühenden Sorten.

Allgemeines: Die Eltern der bekannten, unkomplizierten Topf-, Beet- und Balkonpflanze wurden erst in den 70er Jahren bei einer Expedition auf Neuguinea entdeckt. Durch intensive Züchtungsarbeit entstand bis heute eine Vielfalt an Sorten, die nicht nur durch ihre Fülle von weißen, rosafarbenen, roten, orange, violetten und zweifarbigen Blüten besticht, sondern auch durch ihre interessante Blattzeichnung.

Blütezeit: Mai bis Oktober.

Standort: Halbschattige und schattige, geschützte Standorte. Bei gleichmäßiger Wasserversorgung (nicht austrocknen lassen!) kommen die Edellieschen auch in sonnigen Lagen zurecht.

Pflege: *Impatiens*-Neuguinea-Hybriden sind kälteempfindlich. Deshalb ist eine sichere Auspflanzung erst ab Mitte Mai empfehlenswert. Zur Pflanzung gute Blumenerden wählen, die nicht zu stark aufgedüngt sind. Die Düngung sollte wöchentlich in einer Konzentration von 0,2 % erfolgen. Gleichmäßige Wassergaben und ein gelegentliches Ausputzen der abgeblühten Blüten garantieren einen anhaltenden Blütenflor.

Pflanzenschutz: Spinnmilben, Blütenthripse, Blattläuse und Weichhautmilben.

Sorten: Gegenwärtig sind über 100 Sorten am Markt. Für die Balkonbepflanzung sollten Serien mit robusten, größer werdenden Pflanzen gewählt werden, z. B. 'Paradise'-Serie, 'Classic'-Serie, 'Basic'-Line.

Edellieschen sind empfindlich für hohe Salzkonzentrationen im Wurzelbereich. Diese sowie Ballentrockenheit führen zu Verbrennungen an den Blatträndern. Daher hier auf Dauerdünger besser verzichten, da die Nährstoffabgabe unregelmäßig und in Abhängigkeit von der Bodentemperatur erfolgt. Besser regelmäßig flüssig düngen.

Fleißiges Lieschen
Impatiens walleriana

Allgemeines: Durch Zufall gelangte *Impatiens walleriana* nach Europa. Bei einer Sendung tropischer Pflanzen aus Ostafrika und Sansibar zu den berühmten Kew Gardens in London im Jahr 1880 befand sich zufälligerweise Samen in der Versanderde.

Blütezeit: Mai bis Oktober.

Standort: Für die meisten Sorten ist ein regengeschützter, halbschattiger Standort ideal. An schattigen Stellen werden weniger Blüten gebildet.

Sonnentauglichkeit bewies die kleinblütige 'Firefly'-Serie, das Feuerlieschen.

Pflege: Zur Pflanzung nicht zu stark aufgedüngte Blumenerden wählen. Die schwachzehrenden Pflanzen behutsam im Abstand von 10 bis 14 Tagen mit einer Konzentration von 0,2 % eines guten Volldüngers düngen. *Impatiens walleriana* gelten als pflegeleicht.

Pflanzenschutz: Blattläuse, Spinnmilben, Thripse. Bei feuchter Witterung auch auf Schnecken achten.

Gleichmäßiges Gießen ist ganz wichtig bei Fleißigen Lieschen: Bei Trockenheit im Wurzelbereich kommt es zum Zusammenfallen der Blätter und Blüten. Die fleischigen Triebe können zwar wieder austreiben, werden die Pflanzen jedoch zu feucht gehalten, entwickeln sich große, mastige Pflanzen mit weniger Blüten.

Sorten: Es gibt viele verschiedene Sortenserien mit leuchtenden Blütenfarben in weißen, roten, rosa, orange und violetten Tönen. Interessant sind auch weiß gesternte Blüten und Sorten mit mosaikartigem Blütenmuster. Besonders edel und wie kleine Röschen wirken halbgefüllte (z. B. 'Victorian Rose' in Pink) und gefüllte Sorten (z. B. 'Diamond'-Serie, 'Fiesta'-Serie). Die kleinblütigen Feuerlieschen ('Firefly') eignen sich mehr für Beete und Schalen.

Die Blüten der gefüllt blühenden Fleißigen Lieschen aus der 'Fiesta' - Serie wirken sehr edel und wie kleine Röschen.

Wandelröschen
Lantana-Camara-Hybriden

Allgemeines: Die Urformen der heutigen Sorten stammen aus dem tropischen Amerika. *Lantana*-Camara-Hybriden sind mehr-

Die schöne *Lantana*-Camara-Hybride 'Prof. Raoux' entwickelt sich in Balkonkästen sehr üppig und blüht zuverlässig und reichlich bis zum Frost.

delröschen sind giftig. Überwintert werden können die Pflanzen in einem hellen Raum bei 5–10 °C. Anschließend im Frühjahr kräftig zurückschneiden und für einen buschigen Aufbau mehrfach entspitzen. **Pflanzenschutz:** Häufig Weiße Fliege, seltener Spinnmilben, Blattläuse und Blütenthripse. **Sorten:** Hauptsorten sind: 'Prof. Raoux' mit rot-orange-gelben Blütendolden, 'Sunkiss' in Orange, 'Biarritz Rot' mit purpurroten und gelben Blüten. Interessant ist auch 'Aloha' durch die gelb panaschierten (gefleckten) Blätter und die reingelben Blütendolden.

jährige, verholzende Sträucher mit doldigen Blütenständen in leuchtenden Farbtönen von Gelb, Orange und Rot, selten auch in Violett und Weiß. Gerne werden sie auch als dekorative Kübelpflanzen, als Busch oder Hochstämmchen gezogen. Der Name »Wandelröschen« rührt daher, dass bei einem Teil der Sorten je nach Alter der Blüten Farbvariationen auftreten. Wandelröschen werden gerne von Schmetterlingen besucht. **Blütezeit:** Mai bis Ende Oktober. **Standort:** Sonnig und windgeschützt.

Pflege: *Lantana*-Camara-Hybriden haben einen hohen Nährstoffbedarf. Zur Pflanzung sollten gute, nährstoffreiche Blumenerden (z. B. Einheitserde T) gewählt werden. Drei bis vier Wochen später kann mit einer regelmäßigen Düngung einer 0,2–0,3 %igen Volldüngerlösung ein- bis zweimal je Woche begonnen werden. Pflanzen mäßig feucht halten, Trockenheit führt jedoch zum Einrollen der Blätter. Für einen andauernden Blütenflor die kleinen, schwarzen Steinfrüchte regelmäßig entfernen. Die Früchte und alle anderen Teile der Wan-

Lobelie, Männertreu
Lobelia erinus

Allgemeines: Diese dichte, Kissen bildende Staude blüht an ihrem Heimatstandort in Südafrika mit zahllosen, kleinen, rosavioletten Blüten von Frühjahr bis Herbstbeginn. Für den Balkonkasten und für Ampeln eignen sich sehr gut halbhängende und hängende Sorten, die über Stecklinge vermehrt werden. Diese selektierten Sorten blühen auf Grund ihrer sterilen Blüten gleichmäßiger und anhaltender.

Nur im Halbschatten und bei behutsamen, gleichmäßigen Wassergaben blühen Lobelien über den Sommer hinweg.

Blütezeit: Mai bis Oktober. Saatgutsorten blühen meist nur bis Ende August.

Standort: Keine vollsonnigen, sondern helle, aber geschützte Lagen fördern die Haltbarkeit und Dauerhaftigkeit der Blüten.

Pflege: Zur Pflanzung humusreiche Blumenerden mit guter Struktur wählen. Der Nährstoffbedarf ist gering. Je nach Wachstum der Pflanzen kann im Abstand von ein bis zwei Wochen mit 0,1–0,2 % eines guten Volldüngers gedüngt werden. Lobelien wollen gleichmäßig feucht gehalten werden. Ballentrockenheit ist unbedingt zu

vermeiden. Aber auch Staunässe ist schädlich, sie führt zum Faulen der Pflanzen. Über Stecklinge vermehrte Sorten sind pflegeleicht und blühwillig. Saatgutsorten müssen für einen weiteren Flor kräftig zurückgeschnitten werden, sobald die erste Blüte nachlässt.

Pflanzenschutz: Virosen, *Xanthomonas*-Bakteriose, Weiße Fliege und Thripse.

Sorten: Lobelien-Sorten blühen in den Farben Violettblau, Ozeanblau, Weiß und Blau-Weiß, Saatgutsorten zudem auch in Rosa. Zu den schönsten und blühintensivsten hängenden Sorten mit bis zu 50 cm langen Trieben zählen ‘Richardii’ in hellem Blau und die ozeanblaue Sorte ‘Azur’.

Kapkörbchen
Osteospermum ecklonis

Allgemeines: Eine große Variabilität in der Wuchsform zeigt dieser aus der östlichen Kapprovinz in Südafrika stammende Strauch: So gibt es sowohl stark aufrecht wachsende Vertreter dieser Art mit einer Höhe bis über 1 m als auch kompakte, überhängende Typen. Gemeinsam haben sie die attraktiven, bis 10 cm großen Korb-

blüten mit der auffälligen purpurvioletten oder blauen Mitte. Besonders interessant sind die Sorten mit löffelförmigen Zungenblüten.

Blütezeit: Mai bis Ende Oktober, in der Regel jedoch auffällige Blühpause in den heißen Sommerwochen.

Standort: Vollsonnig. Bei Dunkelheit und schlechter Witterung schließen die Blüten.

Pflege: Für die Pflanzung am besten nährstoffreiche Blumenerden mit Tonanteil wählen. Wöchentliche, ein- bis zweimalige Gaben von 0,2–0,3 % eines

Die aufrechten Kapkörbchen-Sorten mit lanzettlichen und löffelförmigen Zungenblüten können im Sommer eine Höhe bis 40 cm und mehr erreichen.

Bei hohen Temperaturen im Sommer ist eine Blühpause bei den Kapkörbchen unausweichlich. Jetzt auf keinen Fall die Pflanzen vernachlässigen! Durch sorgfältiges Ausputzen, Düngen und Wässern lässt sich die Blühpause bis zu den kühleren Tagen verkürzen.

Volldüngers sind für die nährstoffbedürftigen Pflanzen empfehlenswert. Gleichmäßig feucht halten und Verblühtes regelmäßig herausschneiden.

Pflanzenschutz: Blattläuse, Minierfliegen, Weiße Fliege und Thripse.

Sorten: Für eine Balkonkasten-Bepflanzung eignen sich am besten kompaktere Sorten, aufrecht wachsende Sorten hingegen mehr als Kübelpflanze. Die Farbpalette reicht von Weiß, Gelb, Rosa und Purpurrot bis Violett. Auch eine Ampelbepflanzung ist mit leicht überhängenden Sorten möglich (z. B. 'White Flash' und 'Pink Flash'). Zwei neue Züchtungen in gelben Blütentönen ('Lemon Symphony' und 'Cream Symphony') versprechen eine weniger ausgeprägte Blühpause als bei den bisher bekannten Sorten.

Pelargonien, Geranien
Pelargonium-Peltatum-Hybriden und *P.*-Zonale-Hybriden

Allgemeines: Balkonpflanze Nr. 1 ist die Pelargonie, allgemein auch als Geranie bezeichnet. Dieser Namenswirrwarr ist darauf zurückzuführen, dass die vor 300 Jahren nach Europa eingeführten Pelargonien fälschlicherweise zu den heimischen, staudigen Storchschnabeln *(Geranium)* eingeordnet wurden. Die robuste Südafrikanerin zählt zu den zuverlässigsten Balkonpflanzen. Sie ist gesund und widerstandsfähig und verzeiht auch so manche vergessene Wassergabe. Das Sortiment ist kaum überschaubar. Zu den etwa 10 000 bestehenden Sorten kommen jährlich etwa 100 Neuzüchtungen hinzu. Angeboten werden sowohl **aufrechte Geranien** *(Pelargonium-*Zonale-Hybriden) als auch **Hängegeranien** *(Pelargonium-*Peltatum-Hybriden). Für Pflanzenliebhaber sind weiterhin interessant die **Duft-, Wild-und Blattschmuckpelargonien** (siehe Seite 68, 62 und 65).

Blütezeit: Mai bis Frosteinbruch.

Standort: Vollsonnige wie halbschattige Lagen sind geeig-net, doch werden im Halbschatten weniger Blüten gebildet. An windigen Standorten können die Triebe abbrechen. Für halbgefüllte und gefüllte Sorten sind regengeschützte Balkone ideal.

Pflege: Pelargonien sind nährstoffbedürftige Pflanzen. Als Substrat eignen sich gut aufgedüngte Blumenerden mit 20- bis 30%igem Tonanteil. Mit einer regelmäßigen Düngung sollte drei bis vier Wochen nach der Pflanzung begonnen werden. Empfehlenswert sind Düngegaben von 0,2–0,3 % eines Volldüngers einmal, bei starkwüchsigen Pflanzen auch zweimal je Woche. Alternativ hierzu kann auch mit einer leichten Düngelösung von 0,1 % ständig gewässert werden. Pflanzen mäßig feucht halten. Zu hohe Wassergaben führen zu großen, brüchigen Blättern und bei Hängegeranien zu Verkorkungen an den Blattunterseiten. Bei anhaltenden Niederschlägen kommt es häufig zu Fäulnis an gefüllten Blüten. Diese sollten dann lieber ausgeputzt werden. Damit wird der Pflanze auch die Neuanlage von Blütenknospen erleichtert. Geranien können an einem hellen Standort bei Temperaturen zwischen 6 und 8 °C leicht überwintert

Ein gelegentliches Durchputzen abgeblühter Blütenstände erleichtert den gefüllt blühenden Geranien die Nachblüte.

Freunde zweifarbig blühender Hängegeranien, z. B. der rot-weißen 'Mexikanerin', wundern sich mitunter über die im Sommer überwiegend rot blühenden Pflanzen. Grund hierfür ist ein »positiver« Virus, der normalerweise die rot-weiße Zeichnung der Blüten verursacht und bei hohen Temperaturen nur wenig aktiv ist.

werden. Die Pflanzen dabei jedoch relativ trocken halten.

Pflanzenschutz: *Xanthomonas*-Bakteriose, Blattläuse, Thripse und Grauschimmel bei anhaltender Nässe.

Sorten: Bei den Hängegeranien (*Pelargonium*-Peltatum-Hybriden) erfreuen sich überwiegend einfach blühende und stark wachsende Sorten mit enormer Blühintensität großer Beliebtheit. Sie sind u. a. kennzeichnend für die Üppigkeit der Balkone in den Urlaubsregionen im Voralpenraum. Zu den Hauptsorten zählen z. B. die rot blühenden 'Feuer-Cascade' und 'Balcon Imperial', 'Ville de Paris in Rosa und die pinkfar-

bene 'Acapulco'. Wer es etwas bescheidener möchte, greift zu den 'Compact Cascade'-Typen oder 'Mini-Cascade'-Sorten. Größere Einzelblüten mit enormer Leuchtkraft weisen die ebenfalls stark wachsenden 'Blizzard'- und 'Bavaria'-Serien auf. Für regengeschützte Standorte eignen sich auch die halbgefüllten Hängegeranien in einer größeren Farbpalette.

Unter den stehenden Sorten (*Pelargonium*-Zonale-Hybriden) befinden sich überwiegend halbgefüllte bis gefüllte Typen in leuchtenden Farben wie Lachsrosa, Pink, Violett, Rot, Orange und Weiß. Wetterfester und damit pflegeleichter sind

einfach blühende Sorten, wie z. B. 'Rio' in Hellrosa mit roter Zeichnung.

Geranien (*Pelargonium*-Zonale-Hybriden) eignen sich auch hervorragend als Kübelpflanzen. Dazu nur stark wachsende Sorten oder ein Hochstämmchen wählen.

Pflegeleichte und absolut zuverlässig blühende Balkonblumen mit hervorragender Fernwirkung sind die 'Cascade'-Sorten der Hängegeranien.

Petunien, insbesondere Hängepetunien, sind sehr empfindlich für
Eisenmangel: Bei hartem (kalkreichem) Gießwasser und spätestens bei Blattaufhellungen zusätzlich einmal je Monat einen
Eisendünger verwenden.

Die blau geaderte Sorte 'Blue Vein' wächst nicht nur am stärksten unter den 'Surfinia'-Petunien, sondern verströmt auch einen zarten Duft.

Petunien
Petunia-Hybriden

Allgemeines: Schon Mitte des 19. Jahrhunderts wurden diese einjährigen, ursprünglich aus den wärmeren Regionen Südamerikas stammenden Sommerblumen in Europa kultiviert. Eine bessere Übersicht gewährleistet eine Unterteilung des Sortimentes in Sortengruppen: Zu den wichtigsten Gruppen zählen die großblütigen, aufrecht bis überhängend wachsenden **Grandiflora-Petunien,** die kleinblütigen, unempfindlicheren **Multiflora-Petunien,** die zierliche, Kissen bildende *Petunia milliflora* mit sehr kleinen Blüten und die starkwüchsigen Hängepetunien, wie z. B. die **'Surfinia'-Petunien** aus einem japanischen Züchterhaus.
Blütezeit: Mai bis Ende Oktober.

Standort: Sonnig bis halbschattig. Die Grandiflora-Petunien sind wind- und regenempfindlich. Wetterfest sind hingegen die Hängepetunien, v. a. kleinblütige Sorten.
Pflege: Petunien, insbesondere die Hängepetunien, sind zwar pflegeleicht, jedoch sehr wasser- und nährstoffbedürftig. Zur Pflanzung nährstoffreiche, tonhaltige Blumenerden wählen. Kontinuierlich mit 0,2–0,3 % eines guten Volldüngers ein- bis zweimal in der Woche nachdüngen. Die starkwüchsigen Hängepetunien besser ständig mit einer 0,1%igen Düngelösung gießen.
Pflanzenschutz: Virosen, Blatt-

Pflegeaufwand kalkulieren: Eine solch üppige 'Surfinia'-Ampel verlangt im Sommer mehrmalige Wassergaben am Tag.

läuse, Echter Mehltau bei lang anhaltenden Schlechtwetterperioden.

Sorten: Reiche Farbpalette von Weiß, Rot, Purpurrot, Pink, Hellrosa, Violett bis hin zu Gelb. Auch geaderte, gesternte, weiß gerandete und gefüllte Blüten. Sehr schön sind bei den Hängepetunien neue kleinblütige (z. B. 'Piccolos', 'Microtunias') und gefüllt blühende Serien (z. B. 'Marco Polo'-Serie, 'Doubloon'-Serie, die violettblau geaderte, duftende 'Tumbelina Priscilla' u. a.).

Husarenknöpfchen
Sanvitalia procumbens

Allgemeines: Die in Mexiko heimischen, einjährigen Korbblütler bringen im Sommer unzählige knopfgroße, leuchtend gelbe oder orange Blütenkörbchen hervor, die wie kleine Mini-Sonnenblumen aussehen. Sie wachsen buschig, später überhängend und eignen sich sehr gut für unkomplizierte Balkonbepflanzungen.

Blütezeit: Mai bis Oktober.

Standort: Sonnig und warm. Windverträgliche Pflanze. Bei kühler, feuchter und trüber Witterung nur wenig Zuwachs.

Pflege: Das wärmeliebende

Husarenknöpfchen ab Mitte Mai in tonhaltige Blumenerde mit guter Bodenstruktur pflanzen. Der Nährstoffbedarf liegt im mittleren Bereich. Ab Mitte Juni im Abstand von 14 Tagen mit 0,2%igen Volldüngergaben behandeln, größere Pflanzen ab Hochsommer auch wöchentlich düngen. Pflanzen gleichmäßig feucht halten, stauende Nässe, z. B. bei feuchter und trüber Witterung, wird nicht vertragen. Für einen regelmäßigen, starken Blütenflor bis zum Herbst abgeblühte Triebe hin und wieder zurückschneiden.

Pflanzenschutz: Wurzelerkrankungen bei Staunässe, Blattläuse, Weiße Fliege, Spinnmilben.

Sorten: Größere Palette samenvermehrter Sorten mit einfachen oder gefüllten Blüten in Gelb und Orange mit meist schwarzer Mitte, z. B. 'Mandarin', 'Goldteppich' (gelb), 'Irish Eyes' (hellorange mit grüner Mitte), 'Gold Marie' (gelb, gefülltblühend).

Aztekengold
Sanvitalia speciosa

Allgemeines: Die in Mexiko entdeckte Verwandte des Husarenknöpfchens, *Sanvitalia speciosa,* kam erst 1995 auf den Markt

Die pflegeleichten *Sanvitalia procumbens* werden bereits seit 200 Jahren in Europa kultiviert.

und zählt heute zu den Top-Sorten in Gelb für die Balkongestaltung. Schnell entwickelt sie dichte, stark verzweigte Blütenkissen mit Trieb-längen bis zu 80 cm. Sehr schöner Kontrast zwischen den kleinen, leuchtend goldgelben Blütchen mit grüner Mitte und dem dunkelgrünen Laub.

Blütezeit: Mai bis zum Frosteinbruch.

Standort: Sonnig. Gute Windverträglichkeit.

Pflege: Pflegeleichte Balkonpflanze. Die kleinen Blütchen halten lange und putzen sich selbst aus. Mäßiger Nährstoffanspruch. *Sanvitalia speciosa* zunächst in durchlässige, gute

Aztekengold ist eine Balkonsorte mit Super-Leuchtkraft! Wegen der Schwachwüchsigkeit der Pflanzen beim Einkauf darf man sich nicht verunsichern lassen: Die Pflanzen treiben nach dem Einwurzeln stark aus und können auch mit stark wachsenden Partnern kombiniert werden (z. B. mit Zauberglöckchen 'Million Bells Cherry'). Trockene und schlappe Pflanzen sofort gießen, sie erholen sich schnell wieder. Aztekengold niemals mit dem Mottenkönig kombinieren. Dieser bringt es innerhalb weniger Wochen zum Absterben.

Blumenerde mit Tonanteil (z. B. Einheitserde) pflanzen und nach dem Einwurzeln wöchentlich mit 0,2 % eines Volldüngers nachdüngen. Gleichmäßig feucht halten, die Pflanzen reagieren auf Ballentrockenheit sehr schnell mit Welke. Zu trockene Kulturführung führt zu einer schwachen Verzweigung und einer Abnahme der Blühleistung.

Pflanzenschutz: Sehr gesunde, robuste Pflanze.

Sorten: 'Aztekengold', 'Little Sun' (leicht rötliche Blattstiele) und 'Sunbini' (kompakter im Wuchs).

Trotz ihres starken Wuchscharakters verdrängt die Blaue Fächerblume Nachbarpflanzen in Kombinationspflanzungen nicht.

Blaue Fächerblume
Scaevola saligna

Allgemeines: *Scaevola saligna* ist an sandigen Küstenregionen Westaustraliens und in Tasmanien beheimatet. Seit Ende der 8oer Jahre ist die pflegeleichte und unermüdlich blühende Fächerblume auch bei uns bekannt. Attraktiv wirkt sie in Kombinationspflanzungen für Balkonkästen und Ampeln. Trotz des starken Wuchses verdrängt *Scaevola* die Nachbarpflanzen nicht.

Blütezeit: Mitte Mai bis Frosteinbruch.

Standort: Sonnige Lagen, gute Windverträglichkeit. Bedingte Eignung auch für den Halbschatten: Hier werden weniger Blüten gebildet.

Der Senkrechtstarter in der Beliebtheitsskala der Beet- und Balkonpflanzen Aztekengold wächst ursprünglich in feuchten und sumpfigen Regionen Mittelamerikas.

Pflege: Starkzehrende Pflanze. Voraussetzung für eine hohe Blühleistung sind nährstoffreiche Blumenerden mit Tonanteil (z. B. Einheitserde) und nach dem Einwurzeln eine Düngergabe von 0,2–0,3 % eines guten Volldüngers ein- bis zweimal je Woche (siehe auch den Tipp rechts). Mäßige, jedoch gleichmäßige Wasserversorgung. Stauende Nässe wird nicht vertragen. Die Pflanzen sind selbstreinigend.

Pflanzenschutz: Minierfliegen, Thripse, Weiße Fliege.

Sorten: Schöne Kombinationspflanzen sind blauviolette, großblütige Sorten, z. B. 'Blue Wonder' und die kompakteren 'New Wonder' und 'Saphira'. Weiterhin gibt es auch Sorten mit kleinen Blüten und weiße Sorten (z. B. 'White Charme').

Schneeflockenblume
Sutera diffusus

Allgemeines: Die kriechende bis hängende *Sutera diffusus* mit ihren zahllosen kleinen Blüten stammt ursprünglich aus Südafrika, ist jedoch auch auf den Kanarischen Inseln eingebürgert. In ihrer Heimat lebt die Pflanze an relativ feuchten Standorten. Sie ist eine beliebte, selbstreinigende Hängepflanze für Balkonkästen und Ampeln mit niedrigem Wuchs.

Blütezeit: Mai bis Frosteinbruch. In wärmeren Regionen kann es im Spätherbst nochmals zu einem starken Blütenschub kommen. Die Pflanzen erfrieren erst bei Temperaturen unter −5 °C. Bei sehr hohen Temperaturen im Hochsommer ist eine Blühpause möglich.

Standort: Sonnig bis halbschattig. Im Halbschatten werden weniger Blüten gebildet.

Pflege: Zur Pflanzung leicht saure, strukturstabile, gute Blumenerden mit 20 % Tongehalt bevorzugen. Vier Wochen nach der Pflanzung mit einer mäßigen Düngung, z. B. wöchentliche Gaben von 0,2–0,3 % eines guten Volldüngers, beginnen. Düngepausen führen zu einer verminderten Blühleistung. Sehr wichtig ist eine gleichmäßige Bewässerung: Staunässe sowie Trockenheit sind zu vermeiden. Letztere führt schnell zu Blattfall und zum Rieseln der Blüten.

Pflanzenschutz: Weiße Fliege, Thripse, Grauschimmel.

Sorten: 'Snowflake' mit kleinen weißen Blüten, 'Cabana' mit größeren weißen Einzelblüten, außerdem auch hellviolette und perlmuttfarbene Sorten.

Schneeflockenblumen bilden in den heißen Hochsommerwochen nur an halbschattigen Standorten und bei gleichmäßiger Bodenfeuchtigkeit zuverlässig Blüten.

Scaevola saligna reagiert wie die meisten Pflanzen aus Australien auf Eisenmangel. Besonders empfindlich sind die weißblühenden Sorten. Bei hartem Gießwasser deshalb leicht saure Erden (z. B. Surfinia-Erde) zur Pflanzung bevorzugen und bei ersten Eisenmangelsymptomen (Gelbwerden der jüngsten Blätter) eine Behandlung mit einem speziellen Eisendünger durchführen.

'Tukana'-Verbenen bilden wie die 'Temari'- und 'Diamond'-Verbenen besonders große Blütenbälle mit großen Einzelblüten.

Verbenen, Eisenkraut
Verbena-Hybriden

Allgemeines: Die Gattung *Verbena* umfasst vermutlich über 250 zwei- und mehrjährige Arten aus Europa, Nord- und

Bei Verbenen auf gleichmäßige Wasser- und Düngegaben achten und das Ausputzen verblühter Dolden nicht vergessen, sonst blühen viele Sorten in ausgeprägten Schüben bei insgesamt abnehmender Blühleistung.

Südamerika. Die meisten Arten und viele Sorten verströmen einen angenehmen Duft. Verbenen sind auch beliebte Schmetterlingspflanzen. Für Balkonkästen und Ampeln eignen sich besonders überhängende und blühintensive Stecklings-Verbenen.

Blütezeit: Mai bis Frosteinbruch.

Standort: Sonnig. Gute Windverträglichkeit.

Pflege: Pflanzung in gute, tonhaltige Blumenerden. Drei bis vier Wochen später sollte mit einer wöchentlichen Düngegabe von 0,2–0,3 % begonnen werden. Pflanzen gleichmäßig feucht halten, jedoch Staunässe vermeiden. Regelmäßiges Herausnehmen der abgeblühten Dolden fördert die Nachblüte.

Pflanzenschutz: Echter Mehltau bei Schlechtwetterperioden und im Herbst. Die Sortenanfälligkeit ist sehr unterschiedlich, doch gelten japanische Züchtungen als sehr mehltautolerant. Weiterhin Weiße Fliege, Blattläuse, Spinnmilben.

Sorten: Die Farbpalette der Hängeverbenen reicht von Blau-Violett über Rot, Purpurrot, Rosa und Weiß bis hin zu zweifarbigen Typen. Neben altbewährten Sorten (z. B. 'Cleopatra' und ihren Abkömmlingen) sind

Die blühfreudige kirschrote 'Babylon'-Verbene 'Cherry Red', kombiniert mit der Hängegeranie 'Candix Lilac' und Blattschmuckpflanzen.

japanische Züchtungen auf dem Markt: die 'Tapien'- Serie mit ihrem teppichartigen, dichten Wuchs, die hängenden, großblumigen 'Temari'- und 'Tukana'-Verbenen und die buschige 'Patio Temari'-Serie. Weitere buschige Serien sind z. B. die 'Babylon'- und 'Freefall'-Verbenen. Zu den gegen Echten Mehltau toleranten Verbenen-Sorten zählen die 'Tapien'-, 'Temari'-, 'Patio Temari'- und 'Diamond'-Serien. Letztere zeichnet sich durch ihren Wildcharakter und ihre ungewöhnlichen Blütenfarben aus, darunter z. B. 'Diamond Merci' mit burgunderroten und 'Diamonds Topas' mit großen, mittelblauen Blütendolden.

Das Liebhabersortiment – die Besonderen

Leinblättriger Gauchheil
Anagallis monelli

Die enzianblauen Blüten von *Anagallis monelli* öffnen sich nur bei trockener Witterung und bei ausreichenden Lichtverhältnissen.

Allgemeines: *Anagallis monelli* gehört zu den Primelgewächsen. An ihrem natürlichen Standort in Südwesteuropa und Nordafrika wachsen sie als kleine, an der Basis verholzende Sträucher. Für das Balkonpflanzensortiment hat man buschige, überhängende Typen selektiert. Die zarten Triebe erreichen etwa eine Länge von 40 cm. Ein besonderer Blickfang sind die kleinen, etwa 2 cm großen Blüten in leuchtendem Enzianblau.
Blütezeit: Ende Mai bis Oktober. Nachts und bei schlechter Witterung schließen sich die Blüten.
Standort: Halbschatten, jedoch lichtreich. Pralle Sonne verträgt die Pflanze nicht besonders gut, zudem halten die Einzelblüten bei starker Einstrahlung nicht lange. Möglichst windgeschützt, bei starkem Wind fallen die zierlichen Pflanzen leicht auseinander.
Pflege: *Anagallis monelli* in nährstoffreiche und gut durchlässige Substrate pflanzen. Die Pflanzen reagieren empfindlich auf Staunässe, dürfen jedoch nie austrocknen. Vier Wochen nach der Pflanzung wöchentlich mit 0,2 % eines Mehrnährstoffdüngers nachdüngen. *Anagallis* hat einen sehr lockeren Wuchs. Bei stark nachlassender Blühleistung bzw. bei Blühpausen ist daher ein Rückschnitt empfehlenswert. Die Folgeblüte wird dann umso stärker.

Pflanzenschutz: Grauschimmel, Blattläuse und Blütenthripse.
Sorten: 'Skylover' mit enzianblauen Blüten.

Eine weitere, sehr schöne Balkonkasten- und Ampelpflanze ist *Anagallis tenella* mit unzähligen kleinen, orangeroten Blüten; hier z. B. die Sorte 'Sunrise'.

Mit Hänge-Löwenmäulchen lässt sich auf Balkon und Terrasse ein rustikales, ländliches Ambiente schaffen.

Hänge-Löwenmäulchen
Antirrhinum-Majus-Hybriden

Allgemeines: Die Ausgangsart der beliebten Löwenmäulchen ist im westlichen Mittelmeerraum und in Westasien beheimatet. Bereits im 17. Jahrhundert schmückten die beliebten Bauerngartenblumen unsere Gärten. Neben hohen Sorten für die Schnittblumengewinnung und kompakten, kleinwüchsigen Löwenmäulchen für die Bepflanzung von Sommerbeeten gewinnen hängende Formen für Balkonkästen und Ampeln zunehmend an Interesse.

Blütezeit: Mai bis zum Frosteinbruch. Eventuell Blühpause bei hohen Temperaturen im Hochsommer.

Standort: Sonnig und geschützt. Bei starkem Wind brechen die Triebe leicht ab.

Pflege: Hänge-Löwenmäulchen in nicht zu stark aufgedüngte, strukturstabile Blumenerden mit Tonanteil pflanzen. Dabei die Pflanzen nicht zu fest andrücken. Für gleichmäßige Feuchtigkeit sorgen, jedoch Staunässe unbedingt vermeiden. Ab Mitte Juni wöchentlich mit 0,2 % eines ausgewogenen Volldüngers nachdüngen. Verblühte Blütenstände hin und wieder entfernen, um Samenansatz und damit verbunden eine abnehmende Blühleistung zu verhindern.

Pflanzenschutz: Grauschimmel, Rostpilze und Blattläuse. Die neuen Hänge-Löwenmäulchen-Sorten sollen eine sehr hohe Toleranz gegen Rostpilze aufweisen.

Sorten: Beispiele für attraktive, durch Stecklinge vermehrte Hänge-Löwenmäulchen sind die stark hängende 'Clownerie'-Serie mit 'Clownerie Burgund' (purpurrote Blüten) und 'Clownerie Polar' (silberlaubig mit weißen Blüten); weiterhin die buschige bis überhängende 'Lampion'-Serie in den Farben Weiß, Gelb, Lachsorange, Purpurrot und Rosa sowie in Apfelblüte.

Dukatentaler
Asteriscus maritimus

Allgemeines: Diese niedrige Staude mit den seidig behaarten, fleischigen Blättern findet man häufig an den Küsten-

Für großzügigen Balkonschmuck eignen sich besonders stärker wachsende *Asteriscus*-Sorten wie z. B. 'Gold Coin'.

regionen des westlichen Mittelmeergebietes, in Griechenland und auf den Kanarischen Inseln. Typisch ist der flache, ausladende, später überhängende Wuchs. Die großen, goldgelben Korbblüten der robusten Pflanze bleiben im Gegensatz zu den ähnlichen Gazanien auch bei schlechter Witterung geöffnet.

Blütezeit: Mai bis zum Frost.

Standort: Vollsonnig. Gute Windverträglichkeit.

Pflege: Der Dukatentaler liebt nährstoffreiche, durchlässige und tonhaltige Blumenerden. Auf Grund des hohen Nährstoffbedarfes die Pflanzen nach dem Einwurzeln wöchentlich mit 0,2–0,3 % eines Volldüngers nachdüngen. Die Erde gleichmäßig feucht halten, zeitweilige Ballentrockenheit kann zu Blattvergilbungen führen. Die abgeblühten Blütenköpfchen regelmäßig herausschneiden, weil die sonst folgende Samenbildung der Pflanze viel Kraft kostet und das Nachblühen verhindert.

Pflanzenschutz: Blattläuse und Minierfliegen. Blattläuse können starke Verkrüppelungen verursachen.

Sorten: 'Gold Coin', weiterhin 'Gold Dollar' und 'Gnom' mit einem kompakteren Aufbau, kleineren Laubblättern und Blüten.

Blaues Gänseblümchen
Brachycome multifida

Allgemeines: Dieser ursprünglich zierliche Bodendecker stammt aus den warm-gemäßigten Klimaten Australiens. Die polsterbildende Staude breitet sich durch unterirdische Ausläufer aus. Moderne Zuchtsorten können in Ampeln und Balkonkästen bis zu 50 cm lang mit einem Blütenkissen überhängen. Die Laubblätter sind weich und fein zerteilt. Die etwa 3–4 cm großen Blütenkörbchen bestehen aus gelben Scheiben- und feinstrahligen Zungenblüten in blassblauen, hellvioletten und mauve-rosa-farbenen Tönen. *Brachycome multifida* sollte mit nicht zu stark wachsenden Partnern kombiniert werden.

Blütezeit: Mai bis zum Frost.

Standort: Vollsonnige bis halbschattige Lagen.

Pflege: *Brachycome multifida* ist wie viele Pflanzen mit australischer Herkunft sehr empfindlich für Eisenmangel, der sich in gelblichen Blattaufhellungen bemerkbar macht. Vorbeugend die Pflanzen in saure, gut durchlässige Erden topfen, z. B. auch in Surfinia-Erde. Nach dem Einwurzeln die Pflanzen wöchentlich mit 0,2–0,3 %

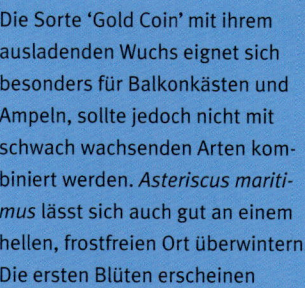

Die Sorte 'Gold Coin' mit ihrem ausladenden Wuchs eignet sich besonders für Balkonkästen und Ampeln, sollte jedoch nicht mit schwach wachsenden Arten kombiniert werden. *Asteriscus maritimus* lässt sich auch gut an einem hellen, frostfreien Ort überwintern. Die ersten Blüten erscheinen dann bereits Mitte April.

eines Mehrnährstoffdüngers nachdüngen. Bei beginnenden Aufhellungen an den Triebspitzen zusätzlich einen Eisen-

Üppige und gesunde Blütenpracht entwickelt das Blaue Gänseblümchen in leicht sauren Erden.

Weitere *Brachycome*-Arten im Handel sind *Brachycome melanocarpa* mit 4 cm großen, kräftig rosafarbenen Blüten und *Brachycome iberidifolia* als Beet- und Sommertopfpflanze mit weißen, blauen und violetten Blüten und mit schwarzer Mitte. Während *Brachycome multifida* und *Brachycome melanocarpa* mehrjährig sind, zählt *Brachycome iberidifolia* zu den einjährigen Samenpflanzen. Ihre Lebensdauer reicht meist nur bis Mitte August.

dünger verwenden. Das Blaue Gänseblümchen reagiert sehr empfindlich auf Trockenstress mit Blütenfall und Gelbwerden der Blätter, auf Staunässe mit chlorotischen Aufhellungen. Möglichst kein kalkhaltiges Gießwasser verwenden, es ruft Eisenmangel hervor. Bei gleichmäßiger Bewässerung und guter Nährstoffversorgung blühen die buschigen Pflanzen den ganzen Sommer über. Sie putzen sich selbst aus.

Pflanzenschutz: Weiße Fliege, weiterhin Thripse, seltener Minierfliegen.

Sorten: Mehrer Sorten in blauen und violetten Tönen, z. B. 'Ultra' in Hellviolett, 'City Lights' mit großen, zartlila-

blauen Blüten, 'Blue Daisy' in Hellblau, 'Amethyst' in dunklerem Violettblau.

Zwergstrohblume
Bracteanthea bracteatum
(Syn.: *Helichrysum bracteatum*)

Allgemeines: *Bracteanthea bracteatum* zählt zu einer Gattung australischer Strohblumen, die an der Spitze ihrer Zweige große, dekorative Blütenköpfe bilden. Diese bestehen aus einer Vielzahl kleiner Einzelblüten auf einer Blütenscheibe, die von papierartigen Hüllblättern umgeben wird. Neben straff aufrecht wachsenden Schnittsorten mit einer Höhe bis zu 80 cm werden auch neue, breitbuschig und überhängend wachsende, gelb und weiß blühende Sorten angeboten.

Blütezeit: Mai bis zum Frosteinbruch. Bei schlechter Witterung schließen sich die Blüten vorübergehend.

Standort: Warme und vollsonnige Standorte sind die besten Voraussetzungen für eine reiche Blüte. Im Halbschatten öffnen sich die Blüten nicht ganz. Ideal ist ein regengeschützter Platz, da es bei anhaltenden Niederschlägen zu Pilzkrankheiten kommen kann.

Liebt volle Sonne, viel Wärme und leicht saure Erden: die Australische Zwergstrohblume.

Pflege: Die Pflanzen haben einen für Strohblumen erstaunlichen Wasser- und Nährstoffbedarf. Als Topferde empfehlen sich durchlässige, tonhaltige, leicht saure Blumenerden. Nach dem Einwurzeln ein- bis zweimal je Woche mit 0,2–0,3 % eines Volldüngers nachdüngen. Blattaufhellungen an den Triebspitzen deuten auf Eisenmangel hin und können mit einem speziellen Eisendünger behoben werden. Zwergstrohblumen möchten mäßig feucht gehalten werden, zeitweilige Ballentrockenheit kann zur Blattvergilbung führen. Abgeblühte

Blütenstände regelmäßig entfernen, um ein kontinuierliches Nachblühen zu fördern.

Pflanzenschutz: Sehr gesunde und stabile Pflanze. Bei andauernder Blattnässe pilzliche Erkrankungen, wie z. B. Falscher Mehltau. Die Blätter sollten abends abgetrocknet sein. Seltener Blattläuse, Weiße Fliege.

Sorten: Schönste Sorte auf Grund ihres gleichmäßigen und polsterartigen Wuchscharakters für Balkonkasten-Kombinationen und Ampeln ist 'Golden Beauty' mit 4–5 cm großen, goldgelben Korbblüten.

Blaue Mauritius
Convolvulus sabatius

Allgemeines: Heimatgebiete der Blauen Mauritius sind die Küstengebiete Nordwestafrikas, Siziliens und Nordwestitaliens. Das mehrjährige, halbstrauchige Windengewächs wächst dort zwischen trockenen Kalkfelsen in Meeresnähe. Die zierlichen Stämmchen mit schmal-ovalen, behaarten Laubblättern werden nur etwa 20 cm hoch und breiten sich mit ihren langen, rankenden Trieben schnell aus. In den Blattachseln werden breitglockige, lila bis salbeiblaue Blüten gebil-

Verlangt etwas Geduld: Die Blüten der Blauen Mauritius erscheinen erst ab Anfang Juni, aber dann in üppiger Fülle.

det. Wirkt durch die bogig herabhängenden Triebe sehr edel, sowohl als Ampelpflanze als auch in Balkonkästen mit nicht zu stark wüchsigen Kombinationspartnern.

Blütezeit: Juni bis Oktober. Eventuelle Blühpause bei großer Sommerhitze. Wie bei vielen Winden-Arten öffnen sich die Blüten nur bei Sonne.

Standort: Sonnige Lagen.
Pflege: Pflanzen in gut durchlässige, tonhaltige Blumenerden. Nach dem Einwurzeln wöchentlich mit 0,2–0,3 % eines Volldüngers nachdüngen. Im Hochsommer benötigt die Pflanze reichlich Wasser und Dünger, da sonst die Triebe sehr dünn werden. Eine gleichmäßige Wasserführung ist wich-

tig. Bei Trockenheit kommt es zu Blattfall und zu vertrockneten Knospen, bei zu feuchtem Substrat werden pilzliche Erkrankungen gefördert. Damit die Pflanzen bis in den Herbst durchblühen, müssen die Samenansätze regelmäßig entfernt werden. *Convolvulus sabatius* kann an einem hellen Standort bei 5–6 °C überwintert werden.

Pflanzenschutz: Weiße Fliege, Blattläuse.

Sorten: *Convolvulus sabatius* ist züchterisch nur wenig bearbeitet. Meist wird die 'Blaue Mauritius' mit hell violettblauen Blüten angeboten. Weiterhin ist eine kompaktere, dunkelblaue Sorte am Markt; ihre Blätter und Blüten sind etwas kleiner, die Triebe etwas kürzer und die Blütenfarbe intensiver.

Köcherblümchen, Mickymaus-Pflanze
Cuphea llavea **(Syn.:** *Cuphea llavea* **var.** *miniata, Cuphea* × *purpurea)*

Allgemeines: Die Mickymaus-Pflanze ist eine attraktive Kulturform der in Mittel- und Südamerika beheimateten *Cuphea*-Arten. Der etwa 30–50 cm hohe, buschige Halbstrauch mit seinen klebrigen, borstig behaarten Sprossen und Blättern entstand vermutlich aus einer Kreuzung von *Cuphea*-Arten, darunter auch *Cuphea llavea*. Besonders faszinierend sind die kleinen Einzelblüten. Diese stehen endständig in Trauben zusammen und bilden etwa 3,5 cm lange, grün-violette Röhrenblüten, die an der Spitze mit zwei leuchtend scharlachroten Kronblättern enden. Diese erinnern an kleine Mauseöhrchen (daher auch der Name Mickymaus-Pflanze). Die aufrechten bis überhängenden Pflanzen eignen sich für Kombinationspflanzungen in Balkonkästen und in Ampeln, aber auch als Beetpflanzen.

Blütezeit: Mai bis Herbst.

Standort: Volle Sonne. Im Halbschatten werden weniger Blüten gebildet.

Pflege: Pflanzung in strukturstabile, tonhaltige Substrate. Gute Erfahrungen wurden auch mit einer Pflanzung in die relativ saure Surfinia-Erde gemacht. Nach dem Einwurzeln die Pflanzen wöchentlich mit 0,2–0,3 % eines Volldüngers nachdüngen. In der Wachstumsphase reichlich gießen, jedoch Staunässe vermeiden. Die Pflanzen putzen sich selbst aus.

Pflanzenschutz: Anfällig für Blattläuse und Weiße Fliege.

Sorten: Bei den Mickymaus-

Die Mickymaus-Pflanze wirkt besonders als Einzelpflanze in Ampeln sehr schön und fasziniert durch ihre ungewöhnlichen Blüten.

Pflanzen mit ihren leuchtend roten Blüten handelt es sich um die Sorten 'Tiny Mice' bzw. 'Firecracker'. Von *Cuphea llavea* bzw. von *Cuphea × purpurea* sind jedoch noch weitere Sorten mit purpurfarbenen und kirschroten Blüten am Markt, deren Blüten jedoch eher an kleine Veilchenblüten erinnern. Weiterhin wird als Köcherblümchen auch die mehr strauchartige *Cuphea pallida* mit einfachen, 2 cm großen, lila Blüten angeboten.

Werden Elfensporn-Sorten (hier *Diascia*-Hybride 'Little Charmer'[(P)]) bei nachlassender Blüte um zwei Drittel ihrer Größe zurückgeschnitten, baut sich ein üppiger Folgeflor auf.

Elfensporn
Diascia-Arten und -Sorten

Allgemeines: Die filigranen, mehrjährigen Stauden aus Südafrika mit aufrechten oder überhängenden Trieben tragen endständige Blütentrauben aus vielen kleinen, rosafarbenen Blüten. In dem noch jungen Sortiment werden überwiegend Züchtungen von *Diascia barberae* und der kräftig wachsenden *D. vigilis* angeboten.

Blütezeit: Mai bis zum Frost. Bei hohen Sommertemperaturen ist bei vielen Sorten eine Blühpause möglich.

Standort: Sonnig, bedingt auch halbschattig. Im Halbschatten ist der Aufbau der Pflanzen locker und die Blühintensität geringer. *Diascia* reagiert empfindlich auf feuchtes Wetter. Neben Kümmerwuchs kann es bei anhaltender Feuchtigkeit zu Fäulnis kommen.

Pflege: Zur Pflanzung sind gut durchlässige, leicht saure Erden empfehlenswert. Vier Wochen nach der Pflanzung mit wöchentlichen, leichten Düngegaben von 0,2 % eines Volldüngers beginnen. Pflanzen lieber etwas trockener kultivieren, jedoch Erde nie austrocknen lassen. Auf Staunässe kann der Elfensporn mit dem Absterben einzelner Triebe reagieren. Geht die Blühleistung zurück, können die Pflanzen großzügig zurückgeschnitten werden. Innerhalb von 3–4 Wochen baut sich dann ein starker Folgeflor auf. *Diascia*-Arten vertragen leichten Frost (bis –6 °C) und können an einem frostfreien, luftigen Ort überwintert werden. Um einer Schimmelbildung vorzubeugen, die Pflanzen kräftig zurückschneiden und relativ trocken halten.

Pflanzenschutz: Grauschimmel, Blattläuse, Weiße Fliege und Minierfliegen.

Eine kühle Überwinterung der himmelblau blühenden Kapastern lohnt sich: Im Folgejahr blühen die Pflanzen schon wesentlich früher.

Sorten: Größeres Sortenspektrum, darunter z. B. die einjährige *Diascia barberae* mit kleinen altrosa Blüten, *D. vigilis* 'Ruby Fields' mit größeren Blüten in Dunkelrosa, die bewährte 'Elliott's Variety' mit hellrosafarbenen Blütenrispen, die erdbeerrosagefärbte 'Strawberry Sundae' und die reichblühende 'Coral Belle' in Korallenorange.

Bei anhaltender Nässe und kalkhaltigem Gießwasser können die Triebe des Elfensporns leicht chlorotisch werden (siehe Seite 87). In diesem Fall Eisendünger geben.

Kapaster
Felicia amelloides

Allgemeines: Die Kapaster ist in Südafrika beheimatet und wird dort als leicht verholzende Staude bis zu 60 cm hoch und fast doppelt so breit. Die 3–4 cm großen Korbblüten ähneln blauen Margeriten. Sie stehen an langen Blütenstielen etwa 15 cm über dem dichten, zart behaarten Laub und bestehen aus einem Kranz von himmelblauen Zungenblüten und einer Mitte aus gelben Röhrenblüten. Kompakt wachsende Sorten von *Felicia amelloides* eignen sich als stehende Pflanzen für elegante Balkonkastenkombinatio-

nen. In Ampeln wirken kleinblütige Sorten mit leicht hängendem Wuchscharakter besonders schön. Die Kapaster wird auch als edles Hochstämmchen angeboten.

Blütezeit: Juni bis Oktober. In kühlen, regnerischen Sommern weniger blühfreudig. Kühl überwinterte Pflanzen blühen früher.

Standort: Vollsonnig und luftig.

Pflege: *Felicia amelloides* entwickelt sich am besten in leicht sauren, tonhaltigen Substraten. Wird Gießwasser mit höheren Härtegraden verwendet, sollten die Pflanzen in saure Erden gepflanzt werden, z. B. in Surfinia-Erde. Dies wirkt Chlorosen entgegen, die durch Eisenmangel bedingt sind. Wöchentlich mit 0,2–0,3 % eines Volldüngers nachdüngen. Bei Aufhellungen an Blättern und Triebspitzen eine zusätzliche Gabe mit einem Eisendünger verabreichen. Die Pflanzen gleichmäßig feucht halten, Ballentrockenheit unbedingt vermeiden. Abgeblühte Blüten regelmäßig abschneiden, um einen andauernden Blütenflor zu sichern. Im Spätherbst kann *Felicia amelloides* auf die Hälfte bis zwei Drittel der Laubmasse zurückgeschnitten und an einem hellen Ort bei 10 °C überwintert werden. Dabei nur sehr wenig gießen.

Das Australische Goldknöpfchen 'Baby Gold' entwickelt sich nur in saurer Erde richtig prächtig.

Pflanzenschutz: Weiße Fliege, Thripse.

Sorten: Mehrere stehend-buschige bis halbhängende Sorten mit hellblauen und dunkelblauen Blüten. Weiterhin wird auch eine Sorte mit cremeweiß gerandeten Blättern angeboten. Sie wächst etwas schwächer und beginnt später zu blühen.

___

Australisches Goldknöpfchen
Helichrysum apiculatum (Syn.: Chrysocephalum apiculatum)

Allgemeines: Der zierliche, immergrüne Halbstrauch mit seinen graufilzigen, schmalen Laubblättern stammt ursprünglich aus Südaustralien. Erst vor wenigen Jahren ist die zu den Korbblütlern zählende Pflanze für den Sommerflor entdeckt worden. Die meist in endständigen Büscheln zusammenstehenden Blüten tragen keine Zungenblüten und bestehen nur aus kleinen, etwa 1–1,5 cm großen, goldgelben Knöpfchen. Unter hiesigen Klimaverhältnissen können die buschigen, überhängenden Pflanzen einen Umfang bis zu 60 cm erreichen.

Blütezeit: Anfang Mai bis zum Frost. Sicherer und starker Blüher in sonnigen Lagen und bei guter Pflege.

Standort: Vollsonnig. Gute Windverträglichkeit.

Pflege: Für die Pflanzung sind unbedingt saure, gut durchlässige Erden zu empfehlen. Sehr gut eignen sich z. B. Surfinia-Erde, Hortensien-Erde oder saure Staudenerden. Bei Verwendung handelsüblicher Blumenerden mit einem pH-Wert zwischen 6 und 7, insbesondere bei kompostreichen Erden, kann es zu starken chlorotischen Aufhellungen kommen (siehe Seite 87). Dies ist auf Eisenmangel zurückzuführen und wird durch kalkhaltiges Gießwasser noch verstärkt. Abhilfe schafft regelmäßige Behandlung mit einem Eisendünger. Ansonsten wöchentlich ein- bis zweimal mit 0,2 % eines Volldüngers nachdüngen. Auch auf stauende Nässe reagiert das Goldknöpfchen sehr empfindlich. Dies kann bis zum Absterben einzelner Triebe führen. Vor Frosteinbruch die buschigen Pflan-

Die verspielt wirkenden Australischen Goldknöpfchen nicht mit zu stark wachsenden Partnern kombinieren. Besonders attraktive Kombinationen entstehen mit blau blühenden Pflanzen, die ebenfalls saure Erden bevorzugen, z. B. der Blauen Fächerblume, dem Blauen Gänseblümchen und der Kapaster.

Zuverlässig blühen die beiden Hornklee-Arten nur nach einer kühlen Überwinterung. Die Blüten werden jedoch nur an jungen Trieben gebildet. Der letzte Rückschnitt sollte daher spätestens im Januar erfolgt sein.

Lotus berthelotii sollte überwiegend als Blattschmuckpflanze eingesetzt werden: Ein solch reicher Blütenschmuck gelingt nur nach kühler Überwinterung.

zen kräftig zurückschneiden und an einem kühlen, hellen Ort überwintern. Wassergaben hierbei stark einschränken.
Pflanzenschutz: Pilzliche Erkrankungen, darunter auch Grauschimmel bei Staunässe.
Sorten: Bisher ist nur die Sorte 'Baby Gold' im Handel.

Lotus maculatus mit seinen goldgelben Blüten blüht nur zuverlässig im Frühjahr und bei kühlen Nachttemperaturen im Herbst.

Hornklee, Lotus
Lotus berthelotii und
L. maculatus

Allgemeines: Die auf den Kanarischen Inseln beheimateten, kriechenden Stauden eignen sich sehr gut als Blüten- und Blattschmuckpflanzen für Balkonkastenkombinationen und für Ampeln. Die Pflanzen aus der Familie der Schmetterlingsblütler sind nicht zu verwechseln mit den unter den Namen Lotos bzw. Lotus bekannten Wasserpflanzen. Ihre Laubblätter sind sehr fein, nadelartig, bei *Lotus maculatus* stumpfgrün mit silbriger Bereifung und bei *L. berthelotii* eher blaugrün. Die überhängenden Triebe können eine Länge von über 60 cm erreichen. Im Frühjahr und Frühsommer bildet *L. berthelotii* Büschel von 2,5 cm großen, scharlachroten Schmetterlingsblüten. Die Blüten von *L. maculatus* sind krallenartig und goldgelb bis orange. Auch ohne Blüten wirken die Pflanzen durch ihre filigranen Laubblätter sehr attraktiv.

Lotus maculatus und (seltener) *Lotus berthelotii* werden auch als Ampel und in aufgeleiteter Form als Kübelpflanze angeboten. Weiterhin eignen sie sich auf Grund ihres kriechenden Wuchses und ihrer geringen Höhe von nur etwa 20 cm als rasch wachsende Bodendecker für Sommerbeete. Hierbei sollten hin und wieder die Triebspitzen gekappt werden, um eine dichte Belaubung zu fördern.

Blütezeit: April bis Mitte Juli. Der Flor wird durch kühle Überwinterung gefördert. Vereinzelte Blüten auch im Spätsommer und Herbst nach kühlen Sommernächten. *Lotus maculatus* ist reichblühender als *L. berthelotii*.

Standort: Sonnige Lagen, bedingt auch Halbschatten. Gute Windverträglichkeit.

Pflege: Zur Pflanzung empfehlen sich gut durchlässige, strukturstabile und leicht saure Blumenerden, z. B. Einheitserde T oder ähnliche Torf-Ton-Mischungen. Nach dem Einwurzeln wöchentlich mit 0,2 % eines guten Volldüngers nachdüngen. Eine gleichmäßige Bodenfeuchte gewährleisten, Staunässe wird sehr schlecht vertragen. Trockenheit führt zum Abfallen der Knospen und

im Extremfall zur Vergilbung und zum Rieseln der Blättchen. Vor dem Frost die Pflanzen zurückschneiden, einräumen und an einem hellen, kühlen Ort bei 8–10 °C überwintern. Hierbei die Pflanzen relativ trocken halten.

Pflanzenschutz: Blattläuse, evtl. Spinnmilben. Bei Staunässe Pilzerkrankungen im Wurzelbereich.

Sorten: Im Handel ist überwiegend *Lotus maculatus* 'Gold Flash' erhältlich, seltener auch *L. berthelotii* 'Red Flash'.

Strauchige Gauklerblume
Mimulus aurantiacus

Allgemeines: Natürliches Verbreitungsgebiet der Strauchigen Gauklerblume ist Nordamerika (Kalifornien). Der immergrüne, etwa 1 m hohe Strauch entwickelt von Frühjahr bis Sommer etwa 4 cm lange, trompetenförmige, lachsorangefarbene Blüten. Die glänzenden, lanzettlichen Laubblätter sind an den Seiten eingerollt und wie die viel verzweigten, überhängenden Triebe leicht klebrig. Auf Grund ihres schwungvollen Charakters eignet sich die Pflanze sehr gut für ausladende Ampeln und Balkonkastenkombinationen.

Blütezeit: Mitte Mai bis Ende Oktober. Nach einer kühlen Überwinterung kommen die Pflanzen früher zur Blüte.

Standort: Vollsonnige Standorte sind empfehlenswert. Im Halbschatten werden weniger Blüten gebildet.

Pflege: *Mimulus aurantiacus* wünscht ein nahrhaftes, gut durchlässiges Substrat. Optimal sind tonhaltige, etwas saure Erden, z. B. Surfinia-Erde. Hoher Kompostanteil in der Blumenerde und kalkhaltiges Gießwasser rufen häufig an den Spitzen Chlorose durch Eisenmangel hervor (siehe Seite 87). In solchen Fällen kann ein spezieller Eisendünger helfen. Auf

Auffallend bei der orange blühenden Strauchigen Gauklerblume sind die klebrigen Triebe und Blätter.

Beim Einkauf von Nemesien auf unterschiedlichen Wuchscharakter (kompakt oder überhängend) der Sorten in Hinblick auf die Verwendung achten. Weiße Sorten reagieren besonders schnell auf Eisenmangel.

Als einjährige Beetpflanze beliebt ist auch die farbenprächtige *Nemesia strumosa* mit gelben, weißen, roten und orangefarbenen Blüten. Sie wird nur 20–30 cm hoch und bildet in Gruppen gepflanzt leuchtende Blütenteppiche.

Grund des hohen Nährstoffbedarfs die Pflanzen ein- bis zweimal je Woche mit 0,2–0,3 % eines Volldüngers nachdüngen. Auf gleichmäßige Wasserversorgung achten: Die Pflanze reagiert empfindlich auf Wasser-Überversorgung wie auch auf Trockenstress. Vor Frosteinbruch die Pflanzen einräumen, die Triebe einkürzen und bei 5–10 °C an einem hellen Ort überwintern. Dabei die Pflanzen relativ trocken halten. Kühl überwinterte Ampelpflanzen entwickeln im Frühjahr einen prächtigen Blütenflor.

Pflanzenschutz: Sehr gesunde Pflanze. Mitunter Blattläuse, seltener Minierfliegen.

Sorten: Die ursprüngliche Blütenfarbe von *Mimulus aurantiacus* ist ein leuchtendes Lachsorange. Inzwischen wird auch eine starkwüchsige weiße Sorte angeboten und weiterhin ein etwas schwächer wachsender Typ mit kleineren Blüten in Karminrot.

Elfenspiegel
Nemesia fruticans
(Syn.: *N. caerulea*)

Allgemeines: Ursprünglich sind *Nemesia*-Arten ein- oder mehrjährige Kräuter und Halbsträucher aus Südafrika. Die zierliche *Nemesia fruticans* ist noch eine sehr junge Balkonpflanze. Sie bildet 40–60 cm lange, buschige Triebe und hängt dann über. Die kleinen, gespornten Blüten in Weiß, Blauviolett und Rosa, jeweils mit gelber Mitte, ähneln denen der *Diascia*-Arten (siehe Seite 55). Weiße Sorten haben einen sehr angenehmen Duft.

Blütezeit: Mai bis zum Frost.
Standort: Sonnig. Windverträgliche Pflanze.
Pflege: Zur Pflanzung eignen sich bevorzugt leicht saure und gut durchlässige Erden.

Nur die weißen Sorten des südafrikanischen Elfensporns duften.

Nemesia fruticans reagiert auf Staunässe schnell mit Chlorosen, Kümmerwuchs und Wurzelfäule. Die Pflanzen gleichmäßig feucht, jedoch nicht zu nass halten und ab Mitte Juni wöchentlich mit 0,2%igen Düngergaben versorgen. Um unansehnlichen Samenansatz nach dem Verblühen der Einzelblüten zu verhindern und eine andauernde Blüte zu gewährleisten, abgeblühte Triebe hin und wieder zurückschneiden.

Pflanzenschutz: Virosen, Blattläuse, Weiße Fliege, Thripse.

Sorten: 'Innocence' (weiß, duftend, überhängend), 'Blue Bird' (buschig-aufrecht mit blauvioletten Blüten), 'Melanie' (rosafarbene Büten) u. v. a.

Nachtkerze
Oenothera-**Hybride**
'African Sun'

Allgemeines: Die aus den gemäßigten Zonen Nord- und Südamerikas stammende Gattung *Oenothera* besteht aus über 120 Arten ein-, zwei- und mehrjähriger Kräuter. Inzwischen wurden die meist frostharten Pflanzen mit zahlreichen Kulturvarietäten in vielen Ländern eingebürgert und sind auch in unseren Staudenbeeten

zu finden. Die meisten Arten werden durch nachtaktive Insekten bestäubt; hierfür öffnen sich die Blüten erst in den Abendstunden. 'African Sun' hingegen entfaltet auch tagsüber einen Teppich zitronengelber Blüten. Diese neue Kulturvarietät mit ihrem polsterartigen Wuchs und ihren zarten Laubblättern wird kaum höher als 30 cm und eignet sich als Schalenpflanze, für Ampeln und für Balkonkastenbepflanzungen mit nicht zu starken Kombinationspartnern.

Blütezeit: Anfang Juni bis Oktober. Die Blütenbildung wird durch eine lange Tageslichtphase ausgelöst.

Standort: Vollsonniger Standort, bedingt auch Halbschatten. Im Schatten und bei schlechter Witterung öffnen sich die Blüten nicht.

Pflege: Für die Pflanzung eignen sich gut durchlässige, tonhaltige Substrate, z. B. Einheitserde T. Die Pflanzen haben einen mittleren Nährstoffbedarf. Hierfür wöchentlich mit 0,2–0,3 % eines Volldüngers nachdüngen. Vorübergehende Trockenheit wird vertragen. *Oenothera* 'African Sun' ist winterhart. An einer windgeschützten Stelle können die Pflanzen auch im Freien überwintert

'African Sun' unterscheidet sich von den bekannten Nachtkerzen-Arten für Staudenbeete durch ihre auch tagsüber geöffneten Blüten.

werden. Die Gefäße jedoch gut abdecken. Kahlfröste können zum Einfrieren des Substrates und zum Vertrocknen der Pflanze führen. Dies ist besonders im Frühjahr gefährlich, wenn die Pflanzen zu treiben beginnen.

Pflanzenschutz: Sehr gesunde und robuste Pflanze. Bei sehr heißem und kaltem Wetter färben sich die Blättchen rot.

Sorten: Neben 'African Sun' mit etwa 3,5 cm großen, zitronengelben Blüten wird auch *Oenothera speciosa* 'Siskiyou' angeboten, eine Kissen bildende Staude mit großen, hellrosa Blüten. Ihre Blühintensität ist jedoch geringer als bei 'African Sun'.

Eine Geranie für Wildpflanzen-Liebhaber: *Pelargonium ionidiflorum*.

Eine Ampel mit *Pelargonium trifidium* kann Hunderte von Blüten tragen – jedoch rieseln die Blüten auch stark.

Wildpelargonien
Pelargonium ionidiflorum und *P. trifidium*

Allgemeines: Wie die beliebten Blütenpelargonien (Geranien) stammen die beiden Wildpelargonien-Arten aus Südafrika. Ihr ursprünglicher Wildblumencharakter ist jedoch erhalten geblieben. Beide Arten tragen sehr filigranes Laub und unzählige kleine, zierliche Blüten. Sie wachsen langsam und eignen sich sehr gut für verspielte Pflanzenkombinationen mit ebenso zierlichen Partnerpflanzen in kleinen Balkonkästen, Ampeln und Hanging Baskets. *Pelargonium ionidiflorum* wächst zunächst aufrecht und Kissen bildend, später überhängend. Die kleinen, 1,5–2 cm großen, einfachen Blüten sind lila mit dunkler Zeichnung. *P. trifidium* entwickelt sich sehr flach, überhängend und bringt unzählige, cremeweiße, 3,5–4 cm große, einfache Blüten hervor. Das Laub duftet sehr aromatisch.
Blütezeit: Ende Mai bis Oktober.
Standort: Sonnige Lagen.
Pflege: Die Pflanzen in nährstoffreiche, durchlässige Erden mit Tonanteil pflanzen, z. B. in Einheitserde T. Wöchentlich mit 0,2–0,3 % eines Mehrnährstoff-

düngers nachdüngen. Trockenheit wird besser vertragen als Staunässe. Die Pflanzen putzen sich selbst aus, dadurch ergibt sich jedoch ein starkes Rieseln abgeblühter Blüten. Zurück bleiben die weniger attraktiven Samenstände, die »Storchschnäbel«. Wildpelargonien können sehr gut an an einem hellen, kühlen Ort bei 6–8 °C überwintert werden. Die Pflanzen hierbei relativ trocken halten. Werden die Pflanzen bei Zimmertemperatur überwintert, bilden sich im Folgejahr kaum Blüten.
Pflanzenschutz: Sehr gesunde Pflanzen.
Sorten: 'Trifidio' (*Pelargonium trifidium*) mit cremefarbenden Blüten und 'Ionida' (*Pelargonium ionidiflorum*) mit kleinen Blütchen in Lila.

Blaumäulchen
Torenia-Hybriden

Allgemeines: Die ursprünglichen Arten für die Züchtung der neuen *Torenia*-Hybriden mit einem buschigen, überhängenden Wuchs und einer Trieblänge bis zu 80 cm sind vermutlich Stauden aus den tropischen Regionen Südostasiens. Die edlen Pflanzen mit 3–4 cm großen Blütenmäulchen in blauen und

Eine edle Kombination: Hier wurden Blaumäulchen mit Schneeflockenblumen und als Blattschmuckpflanze Ziersalbei 'Aureum' arrangiert.

feucht halten. Kalte Wassergaben über das Laub können zu Blattflecken führen.

Pflanzenschutz: Niedrige Temperaturen führen zu einer erhöhten Anfälligkeit gegenüber Wurzelerkrankungen.

Sorten: Im Handel sind 'Summer Wave Violet', mit dunkelviolettblauen Rachenblüten und die Sorten 'Summer Wave Large Blue' und 'Blue Moon'. Die beiden Letzteren haben größere, blaue Blüten und sonnenfestere Laubblätter.

'Summer Wave Violet' besitzt einen stärker hängenden Wuchscharakter, während die großblütigen Sorten buschiger und starkwüchsiger sind. Besonders attraktiv zeigen sich die Blaumäulchen in Ampeln und in Kombination mit weißblühenden Pflanzen, z. B. Schneeflockenblumen und Nemesien.

violetten Tönen wirken als Hängepflanzen in Balkonkästen und Ampeln sehr attraktiv. Diese neue Züchtung sollte nicht verwechselt werden mit *Torenia fournieri*, dem Schnappmäulchen, einer aus Südvietnam stammenden, eleganten, jedoch kurzlebigen sommerblühenden Topfpflanze.

Blütezeit: Mitte Mai bis Ende September.

Standort: Ideal sind warme, geschützte Standorte ohne pralle Mittagssonne bzw. im Halbschatten.

Pflege: Die kälteempfindlichen Pflanzen erst ab Mitte Mai auspflanzen. Bei zu kühlen Temperaturen (unter 14 °C) reagiert die

Pflanze zunächst mit einer Rotfärbung an Blatt- und Triebspitzen, später mit chlorotischen Aufhellungen und Wachstumsstillstand (siehe Seite 87). Für die Pflanzung auf nährstoffreiche, saure Substrate zurückgreifen, z. B. Surfinia-Erde. Hohe pH-Werte im Substrat, die sich bei hohem Kompostanteil und hartem (kalkreichem) Gießwasser bald einstellen, führen zu chlorotischen Aufhellungen, die an den Triebspitzen beginnen. Der Nährstoffbedarf ist mittel bis hoch. Nach dem Einwurzeln ein- bis zweimal je Woche mit 0,2 % eines spurenelementhaltigen Volldüngers nachdüngen. Die Pflanzen gleichmäßig

Gelbe, chlorotische Aufhellungen können bei Blaumäulchen sowohl auf Kälteschäden als auch auf Eisenmangel zurückzuführen sein. Beginnende Kälteschäden verschwinden wieder bei höheren Temperaturen. Ansonsten die Pflanzen mit einem Eisendünger behandeln.

Blattschmuck-pflanzen – Ruhepol für die Augen

Gundermann
Glechoma hederacea

Allgemeines: Die kriechende, winterharte Staude ist fast überall in Europa beheimatet. Die

Der panaschierte Gundermann 'Variegata' ist winterhart.

Triebe dieser niederliegenden Art wurzeln oft an den Knoten und bilden mit ihren grob gezähnten, behaarten Blättern dichte, ausgedehnte Matten. In Balkonkästen und Ampeln bildet der Gundermann bis zu 2 m lange, senkrecht nach unten hängende, dicht belaubte Ranken. Mitunter blühen im Frühsommer kleine violette Blüten in den oberen Blattachseln.

Standort: Bevorzugt halbschattige oder schattige Lagen. Bei gleichmäßiger Bodenfeuchte kommt die Pflanze auch an sonnigen Standorten zurecht. Bei intensiver Sonneneinstrahlung sind zögerliches Wachstum der Pflanzen und Verbräunungen des Laubes möglich.

Pflege: *Glechoma* ist leicht durch Stecklinge oder durch Teilung zu vermehren. Die Jungpflanzen in gut durchlässige Einheitserden topfen. Nach dem Einwurzeln der Pflanzen wöchentlich mit 0,2 % eines ausgewogenen Volldüngers düngen. Pflanzen gleichmäßig feucht halten, in sonnigen Lagen nicht über das Laub gießen.

Pflanzenschutz: Echter Mehltau bei feuchter Witterung und im Herbst. Außerdem Weiße Fliege, Blattläuse, Thripse und Spinnmilben.

Sorten: Als Blattschmuckpflanze wird nur die panaschierte (gefleckte) Form 'Variegata' des heimischen Gundermanns verwendet, mit runden, stark gezähnten, weiß-bunten Blättern. Auch wertvoll als Polsterbildner und Bodendecker.

Lakritzkraut
Helichrysum petiolare

Allgemeines: Die silberweiß behaarte, nicht winterharte Blattschmuckpflanze stammt ursprünglich aus Südafrika. Aus einem Netzwerk von Rhizomen entwickeln sich laufend neue, zunächst aufrecht wachsende, später überhängende Triebe. Die unscheinbaren, sehr kleinen, cremeweißen Korbblüten erscheinen im Heimatland erst im zweiten Jahr oder auch in der Folge von sehr kühler Witterung.

Standort: Silberlaubige und gelbgrün panaschierte (gefleckte) Sorten eignen sich sowohl für sonnige als auch für halbschattige Lagen. Für reingelbe Sorten einen halbschattigen oder schattigen Standort bevorzugen; bei praller Mittagssonne können die Laubblätter verbrennen.

Pflege: Sehr robuste Pflanzen.

Das silberlaubige Lakritzkraut, hier mit 'Babylon'-Verbenen 'Neon Rose', ist sehr starkwüchsig und darf ruhig hin und wieder zurückgeschnitten werden.

In Blumenerden mit guter Bodenstruktur pflanzen. Die Pflanzen reagieren auf hohe Düngermengen mit starkem Wachstum. Lieber etwas behutsamer, jedoch auch wöchentlich düngen. Kurzfristige Trockenheit wird vertragen. Rückschnitt bei übermäßigem Wachstum.

Pflanzenschutz: Blattläuse, Weiße Fliege.

Sorten: 'Silver' (silberlaubig, starkwüchsigste Sorte), 'Rondello' (starkwüchsig, cremegelbe Blätter mit graugrüner Mitte), 'Goring Silver' (wie 'Silver', jedoch kompakter und kleinlaubiger) und 'Gold' (gelblaubig).

Schmuckblattpelargonien
Pelargonium-Zonale-Hybriden

Allgemeines: Neben der großen Sortengruppe der aufrechten und hängenden Blütenpelargonien (siehe Seite 42) gibt es auch einige als Blattschmuckpflanzen geeignete Untergruppen, darunter die »Variegata«- oder Blattschmucksorten. Sie tragen auffällige grün-weiße, grün-gelbe, rotbraun-grüne und dreifarbige Laubblätter mit dekorativen Formen. Bereits im 18. Jahrhundert waren buntblättrige Pelargonien in englischen Pflanzensammlungen zu finden. Neben attraktiven Laubblättern

bringen sie auch sehr schöne Blüten in Rot, Lila, Rosa und Scharlach hervor.

Blütezeit: Mai bis Oktober, die Blüten erscheinen jedoch nicht so zuverlässig wie bei den eigentlichen Blütensorten. Kühle Überwinterung und kühle Nachttemperaturen fördern die Blüteninduktion.

Standort: Sonnig bis halbschattig. Im Halbschatten werden weniger Blüten gebildet.

Pflege: Pflanzung in nährstoffreiche, tonhaltige Blumenerden. Bezüglich des Platzbedarfes das Wuchsverhalten der einzelnen Sorten beachten. Es gibt starkwüchsige, aber auch schwachwüchsige Vertreter. Pflanzen nicht zu nass kultivieren. Nach

Beim Einkauf großblättriger Lakritzkraut-Sorten empfiehlt es sich, auf kleine Pflanzen zurückzugreifen. Die Pflanzen entwickeln sich sehr stark und verdrängen schwachwüchsigere Kombinationspflanzen. Im Laufe eines Sommers kann eine einzige Pflanze der Sorte 'Silver' über 1 m breit werden! Deshalb nur mit starkwüchsigen Partnern kombinieren. Sehr schön ist z. B. die Kombination der Sorte 'Silver' mit purpurfarbenen 'Surfinia'-Petunien.

Schmuckblattpelargonien aus Großmutters Zeit kommen auch als attraktive Solitärpflanzen wieder in Mode.

dem Einwurzeln wöchentlich und in Abhängigkeit von der Wuchsstärke mit 0,2–0,3 % eines ausgewogenen Volldüngers düngen. Vor den ersten Frösten zurückschneiden und bei 6–10 °C in einem hellen Raum überwintern. Hierbei nur spärlich gießen.

Weitere attraktive Blattschmuckpflanzen

Art	Sorte	Laub	Wuchs	Standort	Bemerkung
Silberrand-Chrysantheme *(Ajania pacifica)*	'Silver'n Gold'	Metallisch grün mit silbernem Rand	Aufrecht, buschig	Sonnig	Kleine, gelbe Korbblüten im Herbst
Greisenkraut *(Calocephalus brownii)*		Silbergraue, stark verzweigte Triebe	Aufrecht bis halbhängend	Sonnig bis halbschattig	Starker Kontrast zu Blütenpflanzen
Kleines Lakritzkraut *(Gnaphalium microphyllum)*		Silbergrau	Buschig, überhängend	Sonnig bis halbschattig	Auch als *Helichrysum petiolare* 'Silver Mini' im Handel
Buntnessel *(Lamium maculatum)*	'White Nancy'	Silber-grün	Kriechend, hängend	Halbschattig bis schattig	Weiße Blüten; winterhart
Buntnessel *(Lamium maculatum)*	'Golden Anniversary'	Farbverlauf von Gelb-Grün-Silber	Kompakt, buschig	Halbschattig und schattig	Violette Blüten im Sommer; winterhart
Pfennigkraut *(Lysimachia nummularia)*	'Goldilocks'	Kleine, gelb-grüne Blätter	Kriechend bis hängend	Halbschattig bis schattig	An geschützten Standorten winterhart
Kiwi-Knöterich *(Muehlenbeckia complexa)*		Kleine, runde Blätter an drahtigen Stielen	Buschig, überhängend und kletternd	Sonnig bis halbschattig	Filigrane Pflanze, mit schwachwüchsigen Pflanzen kombinieren
Flamingoblatt *(Oenanthe japonica)*	'Flamingo'	Gefiedertes, rosa-weiß bis grün-grau panaschiertes (geflecktes) Laub	Kriechend, hängend	Sonnig wie auch schattig	Winterhart
Mottenkönig *(Plectranthus ambiguus)*	'Nico'	Kupferbraun, mittelgroß	Hängend, starkwüchsig	Halbschattig	
Mottenkönig *(Plectranthus coleoides)*	'Variegata'	Weiß-grün panaschiert (gefleckt)	Starkwüchsig, buschig mit langen Ranken	Sonnig	Sehr robuste Pflanze mit starkem Duft
Ziersalbei *(Salvia officinalis)*	'Icterina' 'Purpurascens' 'Tricolor'	Gelb-grün Auberginefarbene Blätter Grün-rot-gelb	Buschig	Sonnig bis halbschattig	Auch als Gewürzpflanze verwendbar; nur bedingt winterhart

Eine sehr einfach zu gestaltende, aber farblich eindrucksvolle Kombination ergeben purpurfarbene Hängepetunien mit dem Kleinen Lakritzkraut *(Gnaphalium microphyllum)*.

guter Bodenstruktur pflanzen, z. B. Staudensubstrate. Die sonst anspruchslosen Pflanzen reagieren empfindlich auf zu hohe Bodenfeuchtigkeit und Staunässe. Behutsam gießen. Von Juni bis Ende August wöchentlich mit 0,2 % eines Volldüngers düngen. Unter unseren klimatischen Bedingungen sind die Pflanzen nicht ganz winterhart. Eine Überwinterung an einem hellen, frostfreien Ort

Pflanzenschutz: Grauschimmel, Blattläuse.

Sorten: Viele alte und neue Züchtungen. Die 'Pelgardini'-Serie umfasst ein größeres Sortiment auserlesener und gesunder Schmuckblattpelargonien.

Duftende Balkon- und Würzpflanzen – Pflanzen für die Sinne

Hänge-Rosmarin
Rosmarinus lavandulaceus

Allgemeines: Der bekannte Rosmarin *(Rosmarinus officinalis)* ist ein kleiner, selten über 1,2 m hoher, aufrecht wachsender, immergrüner Strauch aus

dem Mittelmeerraum. Wegen seiner nadelartigen, dunkelgrünen, aromatischen Blätter wird er seit Jahrhunderten als Heil- und Gewürzpflanze geschätzt und kultiviert. *Rosmarinus lavandulaceus* wächst hingegen mattenförmig mit überhängenden Trieben und eignet sich daher sehr gut für den Balkonkasten sowie auch als Kübelpflanze. Er verfügt über die gleichen Würzeigenschaften wie *Rosmarinus officinalis* und kann auch als Küchengewürz verwendet werden.

Blütezeit: Von August bis November werden zahlreiche, ca. 3 cm lange, dichte, hellblaue Blütentrauben gebildet.

Standort: Sonnig und warm.

Pflege: Hänge-Rosmarin ab Mai in nährstoffreiche Erden mit

Die kleinen, himmelblauen Blüten des Hänge-Rosmarins erscheinen erst im Herbst und halten bei kühler, jedoch frostfreier Überwinterung bis tief in den Winter.

Regelmäßiger Rückschnitt während des Sommers sorgt für kompakten Wuchs und regt die Bildung neuer Triebe an. Schnittgut für die Küche verwenden!

ist jedoch unproblematisch.
Pflanzenschutz: Wurzel- und Wurzelhalserkrankungen bei zu nasser Kultur.
Sorten: 'Capri', 'Corsian Blue' (halb hängender Wuchs).

Kaugummipflanze
Satureja douglasii
'Indian Mint'

Allgemeines: Schon die Griechen und Römer schätzten Pflanzen der Gattung *Satureja* wie das Bohnenkraut *(Satureja hortensis)* und das Bergbohnenkraut *(S. montana)* wegen ihrer aromatischen Blätter. *Satureja douglasii* ist eine von 30 Bohnenkraut-Arten mit einem natürlichen Verbreitungsgebiet von Kalifornien bis British Columbia in Kanada. Die mehrjährige, schlanke Pflanze besitzt kleine, kreisrunde Blätter mit einem Durchmesser von etwa 2,5 cm, die sehr stark minzeartig duften. Dieser an

Begeistert nicht nur Kinder: Die aromatischen Blätter von *Satureja douglasii* 'Indian Mint' schmecken nach Spearmint-Kaugummi.

Spearmint-Kaugummi erinnernde Duft wird bei Berührung frei. Die wüchsige, attraktive Hängepflanze wird etwa nur 20 cm hoch, kann aber während des Sommers bis zu 2,5 m lange, verzweigte Rankenkaskaden bilden.
Blütezeit: Von Juni bis Herbst werden in den Blattachseln kleine, unscheinbare weiße Blüten gebildet.
Standort: Bevorzugt halbschattig, bei gleichmäßiger Bewässerung auch sonnige Lagen möglich. Gute Windverträglichkeit.
Pflege: Unkomplizierte Kombinationspflanze für Balkonkästen

und Ampeln. *Satureja douglasii* entwickelt sich sehr zügig in nährstoffreichen Blumenerden, wie z. B. Einheitserde. Nach dem Einwurzeln ist eine wöchentliche Düngergabe von 0,2 % eines Mehrnährstoffdüngers zu empfehlen. Staunässe vermeiden. Die Blätter können zum Aromatisieren von Getränken verwendet werden.
Pflanzenschutz: Kaum auffällige, robuste Pflanze.
Sorten: 'Indian Mint' (durch Stecklinge vermehrte Sorte).

Duftpelargonien
Pelargonium fragrans,
P. odoratissimum, P. graveolens
und viele andere *P.*-Arten sowie
Pelargonium-**Hybriden**

Allgemeines: Duftpelargonien waren bereits im 19. Jahrhundert sehr beliebt und an den Fenstern englischer Landhäuser zu finden. Das Sortiment der vielgestaltigen Formen und mannigfaltigen Duftrichtungen ist nur schwer überschaubar und umfasst mehrere hundert Arten. Bei Berührung der Blätter werden ätherische Öle freigesetzt, die in besonderen Drüsenhaaren der Laubblätter gespeichert sind. Für die Balkonkasten-Bepflanzung eignen

sich hängende und schwachwüchsigere Arten und Sorten.
Starkwüchsige Formen er-
zeugen als Kübelpflanze ein
mediterranes Ambiente.
Blütezeit: Schwerpunkt im
Frühsommer.
Standort: Sonnig, bedingt auch
halbschattig.
Pflege: Duftpelargonien in nährstoffreiche, strukturstabile
Erden pflanzen und nach Durch-
wurzelung wöchentlich mit
0,2–0,3 % eines Mehrnährstoffdüngers düngen. Wasserüberschuss vermeiden, lieber etwas trockener halten. Vor dem
Winter die Pflanzen zurückschneiden und an einem kühlen
(6–8 °C), hellen Ort überwintern. Die Pflanzen hierbei möglichst trocken halten.
Pflanzenschutz: Sehr robuste
Pflanzen; Blattläuse.
Sortenbeispiele: Hängende
Formen: *P.* 'Apple Mint' (minzi-
ger Apfelduft, kleine weiße Blüten), *P. odoratissimum* (Minzeduft, kleine, weiße Blüten). Aufrechte Sorten: *P.* 'Concolour
Lace' (Nussduft, rot-pinkfarbene
Blüten, Dauerblüher), *P. fragrans* 'Variegatum' (Muskatduft,
gelb-grün panaschiertes [= ge-
flecktes] Laub, kleine weiße
Blüten), *P. crispum* 'Variegatum'
(Zitronenduft, gekräuseltes,
gelbgrün panaschiertes Laub,

Duftpelargonien bilden ihre
attraktiven Blüten nur nach einer
kühlen Überwinterung aus.

Die Palette der Duftrichtungen bei Duftpelargonien reicht von Zitrone bis Minze, von
Rosen-, Zedern-, Karotten- und Schokoladenaromen bis hin zu »Petroleumduft«.

Blüten rosa), *P.*-Graveolens-Hybride 'Lady Plymouth' (Minzeduft, panaschiertes Laub, rosa Blüten).

Für eine reiche Blüte sollten Duftpelargonien unbedingt kühl überwintert werden. Die Blätter von Duftpelargonien eignen sich auch zum Würzen von Gerichten und Aromatisieren von Getränken.

Der gelbgrüne Salbei 'Icterina' und der goldgelbe Zieroregano 'Aureum' lassen sich sowohl als Blattschmuckpflanzen in einem bunten Balkonblumenarrangement als auch als Gewürz- und Duftpflanzen verwenden.

Weitere duftende Balkonpflanzen, die sich teilweise auch kulinarisch verwenden lassen:

Art	Sorte	Wuchs	Standort	Bemerkung
Steinquendel (*Calamintha grandiflora*)	'Variegata'	Aufrecht, buschig; grün-gelb panaschierte Blätter	Sonnig	Rosa Lippenblüten
Currykraut (*Helichrysum italicum*)		Buschig, silberlaubig	Sonnig	Auch als schöne Strukturpflanze
Echter Lavendel (*Lavandula angustifolia*)	'Hidcote Blue'	Aufrecht	Sonnig	Mitte Mai bis September blaue Blüten
Zierminze (*Mentha suaveolens*)		Buschig, zunächst aufrecht, dann überhängend	Sonnig	Stark wachsend, nur mit ebenso starken Partnerpflanzen kombinieren
Zieroregano (*Origanum vulgare*)	'Aureum'	Buschig, Kissen bildend mit goldgelben Laubblättern	Halbschattig bis schattig	Als Pizzagewürz verwendbar
Ziersalbei (*Salvia officinalis*)	'Icterina' (grün-gelbes Laub), 'Purpurascens' (auberginefarbenes Laub), 'Tricolor' (weiß-grün-purpurfarbenes Laub)	Buschig, überhängend	Sonnig bis halbschattig	Auch als Gewürzpflanze verwendbar
Heiligenkraut (*Santolina chamaecyparissus*)		Kriechend, überhängend; silberblättrig	Sonnig bis halbschattig	Gelbe Blüten. Keine Würzpflanze
Bunter Zitronenthymian (*Thymus × citriodorus* ssp. *variegata*)	'Doone Valley' 'Aureum'	Buschig, aufrecht; gelb-grüne Blätter	Sonnig	Auch als Gewürzpflanze verwendbar. Es gibt auch weiß-grüne Sorten

Einjährige Kletterpflanzen: Sichtschutz und Blütenfülle

Asarine, Glockenwinde
Asarina barclaiana (Syn.: *Maurandya barclaiana)* und *A. scandens*

Allgemeines: Die beiden anmutigen Kletterpflanzen aus Mexiko und Mittelamerika sind nicht besonders frosthart und werden daher in unseren kühleren Regionen nur einjährig kultiviert. Die zartgrünen, herzförmigen Blätter bilden ein dichtes Laubwerk. Asarinen können 2–3 m hoch klettern.

Blütezeit: Ab Juni bis zum ersten Frost.

Standort: Sonnig und windgeschützt, auch leicht schattige Lagen werden vertragen.

Pflege: Im Februar Saatgut bei Zimmertemperatur in kleinen Töpfen aussäen und leicht mit Erde abdecken. Keimlinge nach 2–3 Wochen zum Abhärten kühler stellen (15 °C) und bei einer Trieblänge von 10 cm zur besseren Verzweigung sanft stutzen. Pflanzen möglichst früh an einem Stab anbinden, da sich die Triebe leicht verknäulen. Ab Mitte Mai Jung-

Asarina barclaiana, die Glockenwinde mit den attraktiven Rachenblüten, benötigt eine Kletterhilfe, um die sich die Blattstiele winden können.

pflanzen topfen und ins Freie stellen: z. B. drei Pflanzen in ein mit Einheitserde gefülltes Pflanzgefäß mit 30 cm Durchmesser. Als Kletterhilfe eignen sich am besten gitterförmige Konstruktionen mit schmalen Streben. Pflanzen gleichmäßig feucht halten und wöchentlich mit 0,2–0,3 % eines Volldüngers düngen.

Pflanzenschutz: Robuste Pflanze.

Sorten: *Asarina barclaiana* besitzt 4–5 cm lange und seidig behaarte Blüten. Pflanzen aus Saatgut sind meist rosa bis violett-rosa blühend. Die Blüten von *A. scandens* sind etwas zierlicher. Saatgutsorten werden in einer größeren Farbpalette von Weiß über Rosa bis hin zu Blauviolett mit weiß gefärbtem Schlund angeboten.

Prunkwinde
Ipomoea tricolor

Allgemeines: Die große Gattung *Ipomoea* mit etwa 300 Arten ist in den Tropen und anderen wärmeren Regionen weit verbreitet. Zu ihr gehören unter anderem die Süßkartoffel, aber auch einige der schönsten tropischen Kletterpflanzen. Die meisten Arten sind Schlinger und zeichnen sich durch zahlreiche trichterförmige Blüten aus. *Ipomoea tricolor* ist eine anspruchsvolle, aus Mexiko stammende kletternde Staude

Die großen, eindrucksvollen Einzelblüten der Prunkwinde 'Clarks Himmelblau' blühen jeweils nur einen Tag.

Die wärmeliebende Schlingpflanze *Thunbergia gregorii* wird auch Oranger Glockenwein genannt und kann bei 16 °C überwintert werden.

und wird bei uns meist als Einjährige kultiviert. Sie kann mit ihren kordelartigen, windenden Trieben eine Höhe bis zu 3 m erklettern und eine Breite von 1,5 m erreichen. Auffallend sind die hellgrünen, 10 cm großen, herzförmigen Blätter und die lang gestielten, trichterförmigen Blüten mit einem Durchmesser von bis zu 15 cm.

Blütezeit: Juli bis September. Reicher Blütenflor. Die Einzelblüte ist jedoch sehr kurzlebig und nach einem Tag verblüht. Dafür werden jedoch ständig neue Blüten gebildet. Bei Regen und hohen Temperaturen während der Mittagszeit schließen sich die Blüten.

Standort: Sonnig und windgeschützt. Bei anhaltender nasser und kalter Witterung kann es zu Blüh- und Wachstumsstörungen bis hin zum Totalausfall kommen.

Pflege: Vermehrung im März und April über Saatgut und Stecklinge bei Zimmertemperaturen. Ab Ende Mai drei Pflanzen in ein 30–36 cm großes Pflanzgefäß topfen und eine Kletterhilfe mit nicht zu dicken Streben befestigen. Nährstoffreiche Blumenerden verwenden. Prunkwinden haben einen hohen Wasser- und Nährstoffbedarf. Pflanzen gleichmäßig feucht halten und wöchentlich ein- bis zweimal mit 0,2–0,3 % eines Volldüngers düngen.

Pflanzenschutz: Echter Mehltau.

Sorten: Attraktive himmelblaue Blüten besitzen 'Clark's Himmelblau' und 'Heavenly Blue'. Weiterhin ist auch die karmesinrot blühende Sorte 'Scarlett O' Hara' im Handel.

Schwarzäugige Susanne
***Thunbergia alata* und**
***T. gregorii* (Syn.: *T. gibsonii*)**

Allgemeines: Die beiden, bei uns in der Regel einjährig kultivierten, nicht winterharten Arten stammen aus dem tropischen Afrika. *Thunbergia alata* gilt als robust, erreicht schnell eine Höhe von 2 m und bietet mit ihren herzförmigen Blättern einen guten Sichtschutz. Sie eignet sich sowohl als Kletterpflanze wie auch als Hängepflanze in einem Balkonkasten. Namensgebend waren ihre 5 cm großen, orangefarbenen Blüten mit schwarzem Schlund. Als eine der schönsten Kletterpflanzen gilt *Thunbergia gregorii*. Sie klettert etwas langsamer und wird knapp 2 m hoch. Ihre großen, lang gestielten, orangefarbenen Blüten haben kein schwarzes Auge, bestechen jedoch durch eine unglaubliche Leuchtkraft. Die seidig behaarten, ballonförmigen Kelchblätter bleiben nach dem Abfallen verwelkter Blüten noch lange an der Pflanze und sehen den neuen Knospen täuschend ähnlich.

Blütezeit: Juni bis Oktober.

Standort: Sonnig, auch halbschattig, windgeschützt.

Pflege: Anzucht aus Samen ab März oder Zukauf von Jungpflanzen Ende Mai. Anschließend in nährstoffreiche Blumenerden topfen: z. B. drei Jungpflanzen in ein 12-Liter-Pflanzgefäß. Als Kletterhilfe eignen sich Gitter, senkrechte Schnüre und Stäbe. Reichlich gießen und düngen, z. B. je nach Wachstum wöchentlich ein- bis zweimal mit 0,2 % eines Volldüngers.

Pflanzenschutz: Echter Mehltau bei feuchter Witterung und bei Kultur in Innenräumen (z. B. Wintergärten).

Sorten: Bei *Thunbergia alata* sind auch Züchtungen mit weißen, zitronengelben und orangebraunen Blütenblättern mit oder ohne Auge im Handel. Häufig sind sie jedoch nur als Mischungen erhältlich. *Thunbergia gregorii* wird über Stecklinge vermehrt und als Sorten 'Orange Star' angeboten. Eine weitere, zwar seltene, jedoch sehr attraktive Kletterpflanze ist *Thunbergia battiscombei* mit großen samtblauen Blüten und gelber Mitte. Sie wird nur 1 m hoch.

Weitere einjährige Kletterpflanzen für Pflanzgefäße			
Art	**Blüte**	**Standort**	**Anmerkung**
Ballonwein (*Cardiospermum halicacabum*)	Hellgrüne, dekorative Ballonfrüchte	Sonnig, warm und geschützt	Kletterhöhe bis 3 m. Der Samen benötigt hohe Temperaturen zum Keimen (22 °C)
Glockenrebe (*Cobaea scandens*)	Große, glockenförmige Blüten; zuerst grün-weiß, später violett; auch cremeweiße Sorte	Sonnig und warm	Große und hohe Pflanzgefäße wählen; zu viel Dünger mindert die Blühleistung. Pflanze kann 3–4 m hoch werden
Schönranke (*Eccremocarpus scaber*)	10–15 cm lange Trauben aus gelben, roten, orange- und pinkfarbenen Blüten	Warm, sonnig und geschützt	Blattranker mit einer Kletterhöhe bis 3 m; Überwinterung an einem kühlen, hellen Ort möglich
Duftwicke (*Lathyrus odoratus*)	Schmetterlingsblüten in Weiß, Rosa, Rot-Blau, Violett; intensiver Blütenduft	Sonnig und windgeschützt	Für hohe Blühleistung Verblühtes regelmäßig entfernen. Es gibt auch niedrigbleibende Zwerg- und Buschformen (20–30 cm hoch)
Sternwinde (*Quamoclit lobata*)	Bis 40 cm lange Blütentrauben; Einzelblüten: im Knospenstadium rot, während des Aufblühens orange, gelb und zuletzt rot	Sonnig und warm	Kletterhöhe bis 3 m. Ausreichend große Pflanzgefäße wählen
Rosenkelch (*Rhodochiton atrosanguineus*)	5 cm lange, purpurrote Blüten und pinkfarbene Kelchblätter; diese bleiben wie kleine Schirmchen nach dem Verblühen noch an der Pflanze	Vollsonnig, warm und windgeschützt	Blattstielranker mit einer Kletterhöhe bis zu 3 m. Auch geeignet als Hängepflanze für Ampeln, Balkonkästen sowie Verwendung als Zimmerpflanze
Kapuzinerkresse (*Tropaeolum majus*)	Große, lang gestielte Trichterblüten in Gelb, Orange und Rot; neben einfach blühenden, auch halbgefüllt- oder gefüllt blühende Sorten	Sonnig, auch halbschattig; im Halbschatten werden jedoch weniger Blüten gebildet	Bei der Sortenwahl auf rankende Klettertypen achten! Sie können 2–3 m hoch werden. Daneben gibt es auch buschig wachsende Sorten, die sich für Töpfe, Ampeln und Balkonkästen eignen
Kanarische Kresse (*Tropaeolum peregrinum*)	Zitronengelbe Blüten mit gefransten Rändern und einem Durchmesser von 3 cm	Sonnig, auch halbschattig; im Halbschatten weniger Blüten	Zu hohe Stickstoffgaben vermindern die Blühleistung. *Tropaeolum peregrinum* wird auch als Kapuzinerkresse bezeichnet

Technik rund um Balkonkasten und Blumenampel

Die Pflege von Balkonkästen und Blumenampeln lässt sich durch entsprechende Vorkehrungen und die geeignete Technik wesentlich erleichtern und sogar weitgehend automatisieren. Dadurch kann man sogar unbesorgt in den Urlaub fahren.

Gefäße und Befestigungen

Bei der Entscheidung für ein Pflanzengefäß werden Kriterien wie Gewicht, Stabilität, Transportfähigkeit, Witterungsbeständigkeit, Pflanzenfreundlichkeit und nicht zuletzt auch der Preis herangezogen. Jedoch bei der Wahl eines Gefäßes aus der Vielfalt an Materialien und Formen spielt nicht nur dessen Funktionalität eine große Rolle, sondern auch die Ästhetik. Eine harmonische Einheit zwischen Pflanzen, Gefäß und Standort ist das Ziel einer attraktiven Gestaltung. Grundsätzlich sollte sich das Gefäß den Pflanzen gestalterisch unterordnen. Wichtig sind ein ausreichender Pflanzraum und **Abzugslöcher** für Gieß- und Regenwasser. Häufig sind die Abzugslöcher

◀ Die Verwendung schlichter und kunstvoller Tongefäße ist kennzeichnend für die Gärten, Terrassen und Balkone des Südens.

nur markiert, so dass man sie erst mit einem Schraubenzieher oder einer Bohrmaschine durchstoßen muss. Ein möglichst großes Volumen für die Pflanzerde ist wünschenswert. Bei Gefäßen mit einem nur kleinen Substratvolumen ist das Risiko von Trockenschäden und Nährstoffmangelsymptomen höher. Weiterhin sollte das Material einen günstigen Einfluss auf Wasser- und Nährstoffhaushalt ausüben und keine Schadstoffe enthalten. Dabei haben die im Handel angebotenen Materialien verschiedene Vorzüge und Nachteile. Nachfolgend werden klassische Materialien für Balkongefäße vorgestellt.

Pflanzgefäße

Kunststoffgefäße

Die leichten und preiswerten Gefäße und Balkonkästen aus Kunststoff werden in einer großen Formenvielfalt und Größenpalette angeboten. Polyethylen-Materialien (PE) sind den weniger attraktiven und kürzer haltbaren PVC-Gefäßen vorzuziehen. Hinsichtlich der Größe sind Balkonkästen mit einer Höhe von 18–20 cm und einer Tiefe von 20 cm ideal. Die Länge sollte 100 cm nicht überschreiten, um den Transport nicht zu erschweren.

Gefäße aus Ton

Die Qualität der Gefäße ist maßgeblich abhängig von der Tongüte und der Herstellungsart, insbesondere Trocknungsdauer und Höhe der Brenntemperatur. Besonders wertvoll sind z. B. handgeformte Terrakottagefäße aus Impruneta (Toskana) mit ihren schönen klassischen Formen. Häufig entstehen auf der Oberfläche der atmungsaktiven, unglasierten Tongefäße mineralische Ausblühungen durch Auswaschungen aus dem Ton oder durch Ausspülung von Düngerlösungen. So mancher findet dies hässlich, andere hingegen

Schwarze Kunststoffgefäße können sich bei intensiver Sonneneinstrahlung sehr stark erwärmen, was im Extremfall bis zu Verbrennungsschäden an den Wurzeln führen kann. Daher empfehlen sich eher helle Gefäße.

Die schönsten Gefäße werden heute überwiegend aus der Toskana, aus Spanien, Großbritannien und Asien importiert.

Holz
Holzgefäße sind je nach Holzqualität unterschiedlich anfällig für Feuchtigkeit und Verwitterung. Generell sind Harthölzer vorzuziehen. Die Gefäße müssen vor der Bepflanzung sorgsam mit pflanzenverträglichen Mitteln imprägniert und regelmäßig nachbehandelt werden.

Aufstellung und Befestigung

Ampeln und **Hanging Baskets** werden in der Regel an eingedübelten Deckenhaken oder, bei Holzkonstruktionen, auch an Schraubhaken angebracht. Hierbei müssen sowohl das Gewicht des Gefäßes (bei großen Ampeln 10 kg) als auch ein sehr fester Halt bei Sturm und Gewitter berücksichtigt werden. Eine zusätzliche Verkettung des Gefäßes an der Wand verhindert zu starke Pendelbewegungen. Für die Anbringung der **Kästen** am Balkongeländer werden im Fachhandel verschiedene Modelle an fertigen Haken angeboten. In der Regel erfolgt die Anbringung an der Oberkante und Außenseite des Balkongeländers.

Besonders praktisch sind Träger aus kunststoffummanteltem Stahl oder Flacheisen, bei

streben eine solche Patina für ein rustikales Ambiente sogar an.

Steinzeuggefäße
Steinzeugkübel werden aus Ton, Quarz und Feldspat gebrannt. Insbesondere aus asiatischer Produktion wird eine große Sortenpalette angeboten. Neben weißem gibt es auch graues, braunes und gelbes Steinzeug, auch in glasierter Form. Durch die Glasur dringt keine Feuchtigkeit durch die Gefäßwand und verhindert somit Ausblühungen. Steinzeuggefäße sind sehr hart, stabil und frostbeständig, jedoch auch sehr schwer.

Naturstein- und Kunststeingefäße
Natursteingefäße werden aus natürlichem Gestein (Marmor, Sand- oder Kalkstein) herausgehauen. Sie sind schwer, sehr teuer und setzen schnell durch die Besiedelung von Algen und Flechten Patina an. Kunststeingefäße, wie Betonkübel und Faserzementgefäße, sehen ihnen ähnlich, sind jedoch deutlich preiswerter.

Unglasierte Gefäße sollten vor dem Bepflanzen gut gewässert werden (z. B. durch ein Tauchbad), weil sie sonst der Pflanzerde anfänglich viel Feuchtigkeit entziehen.

denen nicht nur die Handlauf-
breite, sondern auch die Halte-
rung für den Kasten verändert
werden kann und der Kasten
somit fest eingespannt wird.
Alternativ hierzu kann man sich
auch von einem Schlosser auf
das Balkongeländer zugeschnit-
tene Haken anfertigen lassen.
Die Stabilität der Haken ist sehr
wichtig, da sie insbesondere bei
Wasserspeicherkästen ein sehr
hohes Gewicht tragen müssen.
Bei Holz- und Eisengeländern ist
häufig auch eine **zweireihige
Anbringung** von Balkonkästen,
am Handlauf wie auch am Fuß
des Balkons, möglich. Solche
Balkone mit einem üppigen Blumenschmuck findet man oft in
den alpenländischen Regionen.

serstresssituationen und
Trockenschäden auf. So verlan-
gen mitunter die starkwüchsigen 'Surfinia'-Petunien an
einem heißen Sommertag in
einem 100-cm-Balkonkasten mit
25 l Substratvolumen 8–12 l
Wasser pro Tag. Mehrmaliges
tägliches Gießen kann somit
sehr zeitaufwendig werden und
zieht den Wunsch nach rationel-
leren Bewässerungsmethoden
nach sich. Inzwischen bietet der
Fachhandel mehrere Bewässerungssysteme für unterschiedliche Bedürfnisse und in verschiedenen Preislagen an. Vor
einem Kauf sollten jedoch erst
die eigenen Anforderungen an

Das regelmäßige Gießen hoch
hängender Ampeln erfordert
manchmal abenteuerliche Kletter-
übungen. Praktische Abhilfe: Mit-
tels eines Ampelaufzuges kann die
Pflanzenampel auf die gewünschte
Höhe heruntergelassen oder
angehoben werden.

ein Bewässerungssystem (Er-
satz des Gießens per Hand über
das Wochenende oder automatische Bewässerung während
der Urlaubszeit) und vorhan-
dene technische Einrichtungen
auf dem Balkon (eventuelle

Bewässerung: von einfach bis Hightech

»Einen guten Gärtner erkennt
man am Gießen«, so lautet eine
alte Gärtnerweisheit. Gerade bei
der Balkonbepflanzung kann die
Bewässerung, eine der wichtigsten Pflegemaßnahmen, zu
einer großen Herausforderung
für den Pflanzenliebhaber werden. Die bald dicht durchwurzel-
ten Gefäße nehmen nur be-
grenzt Wasser auf und im
Hochsommer treten bald Was-

Bei der Anbringung von Ampeln ist zu berücksichtigen, dass diese im Hochsommer
nach kräftigen Wassergaben ein sehr hohes Gewicht entwickeln können.

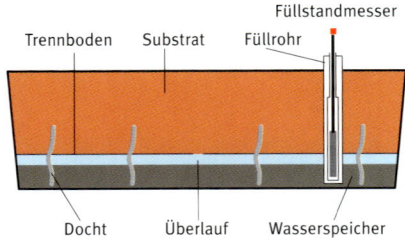

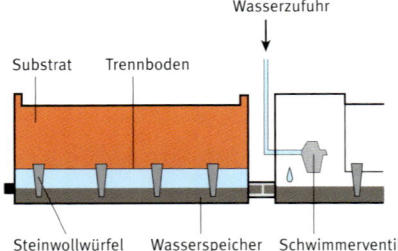

Oben: Balkonkasten mit Wasserspeicher Dochten, Überlauf und Füllstandsmesser
Unten: Der so genannte Gärtnerkasten – ein Balkonkasten mit automatisch befülltem Wasserspeicher

Wasser- und Stromanschlüsse) geklärt werden.
Nachfolgend werden einige aktuelle Bewässerungssysteme beschrieben.

Bei einer neuen automatischen Bewässerung ist unbedingt eine mehrwöchige Beobachtungszeit anzuraten, in der man die Einstellung des Feuchtefühlers noch korrigieren kann, bevor man unbesorgt wegfährt.

Balkonkästen und Gefäße mit Wasserspeicher

Solche Kästen, Gefäße und Ampeln verfügen über einen doppelten Boden mit einem Wasserspeicher von ca. 4 cm Höhe und Überlauflöchern in Höhe der Trennwand. Der Speicher wird über ein Gießrohr nach Bedarf mit der Gießkanne befüllt.
Ein **Wasserstandanzeiger** im Gießrohr informiert über den aktuellen Wasserstand. Das Wasser wird über einen porösen Trennboden oder über Saugdochte vom Speicher bedarfsgerecht in die Pflanzerde befördert.
Zu beachten ist hierbei die **Vernässungsgefahr** bei geringem Wasserverbrauch durch die Pflanzen oder bei anhaltenden Niederschlägen. Ein Befüllen des Speichers nur bis zur mittleren Marke des Wasserstandanzeigers ist bei täglichen Gießvorgängen empfehlenswert. Ein Auffüllen des Wasserspeichers bis an das Maximum sollte nur Ausnahmefällen vorbehalten bleiben. Viele Pflanzen reagieren sehr empfindlich auf »zu nasse Füße«. Im schlimmsten Fall können ganze Wurzelteile absterben, z. B. bei der Zauberglöckchen-Sorte 'Terracotta'.

Balkonkästen mit automatisch befülltem Wasserspeicher (»Gärtnerkasten«)

Bei diesem System sind die Wasserspeicher mehrerer Balkonkästen durch Schlauchstücke miteinander verbunden. An einem Kasten pro Anlage wird zentral über ein an einem Wasserhahn angeschlossenes Schwimmerventil Wasser zugeführt. In allen Kästen stellt sich die gleiche Wasserhöhe im Speicher ein. Das Wasser gelangt über Steinwolldochte in die Erde. Die Bewässerung erfolgt verbrauchsgerecht und ohne Strom. Voraussetzungen für dieses System sind ein Wasseranschluss und eine absolut niveaugleiche Aufstellung aller Balkonkästen.

Automatische Bewässerung mit Tropf-Blumat

Der Tropf-Blumat, eine wassergefüllte Tonzelle, funktioniert sowohl als Bodenfeuchtefühler wie auch als Tropfer, der über eine Unterdruckmembran gesteuert wird. Pro Meter Balkonkasten werden vier Tropf-Blumate, verbunden über einen Tropfschlauch, in die Erde gesteckt. Dieser ist über einen

Das Tropf-Blumat-System gilt als zuverlässiges und leicht zu bedienendes automatisches Bewässerungssystem für Balkonkästen wie auch für Kübelpflanzen.

In einen 1 m breiten Balkonkasten werden vier Tonkegel des Tropf-Blumat-Systems in gleichen Abständen voneinander in die Erde gesteckt.

speziellen Druckminderer an die Wasserleitung oder an ein wassergefülltes Hochgefäß (z. B. auf dem Dachboden) angeschlossen. An jeder Tropfstelle regelt der Tropf-Blumat eigenständig die Wasserabgabe. Trocknet die Erde aus, entsteht im Tropf-Blumat ein Unterdruck, weil Wasser über die Tonzelle entzogen wird. Dadurch wird der Wasserdurchfluss durch den Tropfschlauch freigegeben, bis die Erde feucht ist. Dieses System bietet den Vorteil, dass auch Pflanzen mit unterschiedlichen Wasseransprüchen und Balkonkästen in unterschiedlichen Stellhöhen bedient werden können. Die Tonkegel arbeiten stromlos und sehr zuverlässig.

System Beta 8

Auch das System Beta 8 arbeitet ohne Strom und nach demselben Prinzip wie das Tropf-Blumat-System, hat jedoch an Stelle von Tonkegeln Quellhölzchen als Feuchtefühler. Diese müssen meist aus Verschleißgründen nach ein bis zwei Jahren ausgetauscht werden.

Tensiometer-gesteuerte Tropfbewässerung

Für dieses System braucht man einen Stromanschluss. Das Wasser wird über eine an die Wasserleitung angeschlossene Tropfbewässerung verteilt, die Menge über den Tensiometer gesteuert.

auf einen blick

- Das Gefäß sollte sich den Pflanzen gestalterisch unterordnen und vor allem ausreichend Platz bieten.
- Sie können aus einer Palette an Materialien und Formen frei wählen. Dennoch steht die Funktionalität an erster Stelle.
- Bei der Aufhängung bzw. Befestigung des Gefäßes ist das maximal erreichbare spätere Gewicht bei vollem Blütenflor und im feuchten Zustand zu berücksichtigen.
- Arbeitserleichternd: Balkonkästen mit Wasserspeicher oder automatische Tropfbewässerungen verwenden (dazu ist ein Wasseranschluss erforderlich!).

Balkonbepflanzung in der Praxis

Ein »grüner Daumen« muss kein unerklärbares Phänomen sein. Ein paar praktische Grundkenntnisse, ein bisschen Einfühlungsvermögen und ein waches Auge reichen bereits – die Pflanzen danken es mit gesundem, üppigem Wuchs und reichem Blütenflor.

Substrate und Erden

Pflanzerden, auch Kultursubstrate genannt, dienen nicht nur zur Verankerung der Wurzeln und damit der Standfestigkeit der Pflanze, sondern stellen auch deren Wasser- und Nährstoffversorgung sicher. Basis solcher Substrate sind unterschiedliche **Torfqualitäten, Ton, Komposte,** verschiedene **Hilfs- und Zuschlagstoffe** sowie **mineralische** und **organische Dünger.** Wenn man bedenkt, welch kleiner Durchwurzelungsraum den Pflanzen in einem Balkonkasten oder Gefäß zur Verfügung steht, werden die hohen Qualitätsanforderungen an Substrate deutlich.

Aus diesem Grund verwendet die Mehrzahl der Gärtner qualitativ hochwertige, standardisierte **Fertigerden,** so genannte Industrieerden. Auch dem Pflan-

zenliebhaber und Balkongärtner sind solche Fertigerden ans Herz zu legen. Die folgenden Anforderungen sollte eine qualitativ hochwertige Erde erfüllen.

Anforderungen an Balkonerden

Strukturstabilität und hohe Luftkapazität

Unter einer hohen Luftkapazität versteht man, dass bei der Zusammensetzung des Substrates ein hoher Anteil an strukturstabilen, größeren Poren gewährleistet ist, die sich auch nach dem Gießen oder nach Niederschlägen rasch wieder mit Luft füllen. Luft und Sauerstoff sind ausschlaggebend für Wachstum und Verzweigung des feinen Wurzelwerkes und damit für die Wasser- und Nährstoffaufnahme und die gesamte Entwicklung der Pflanze. Dies ist wichtig, denn nicht selten werden Balkonpflanzen vergossen. Insbesondere **Weißtorf,** ein jüngerer, nicht so stark zersetzter Hochmoortorf, besitzt ein hohes Porenvolumen und sorgt damit

hervorragend für die Durchlüftung des Substrates.

Auch Zuschlagstoffe wie **Blähton, Perlite, Styromull, Kokosfasern** und **Reisspelzen** erhöhen die Durchlüftung in einer Pflanzerde. Ein hoher Anteil luftgefüllter Poren wirkt übrigens auch als Wärmespeicher.

Gutes Wasserhaltevermögen

Ein gutes Wasserhaltevermögen im Porenraum der Pflanzerde ist genauso wichtig wie eine gute Durchlüftung. Wasser wird überwiegend in kleineren Poren festgehalten, während sich die größeren mit Luft füllen. **Schwarztorf** verbessert ebenso wie **Ton** die Wasserhaltekraft eines Substrates. Er wird jedoch schnell abgebaut, sodass schwarztorffreie Erden zur Verschlämmung neigen.

Nur gute Pflanzerden sorgen für gesunden und üppigen Pflanzenwuchs.

◀ Faustregel: Gießen immer in den Morgen- und Abendstunden, jedoch so, dass die Pflanzen vor Einbruch der Dunkelheit wieder abgetrocknet sind.

Rindenkultursubstrate sollten zu höchstens 50 % zugesetzt werden, sie haben ein schlechtes Wasserhaltevermögen und entziehen der Erde Stickstoff.

Hohes Nährstoffhaltevermögen
Darunter versteht man die Fähigkeit der Bodenteilchen, Nährstoffe festzuhalten, damit sie nicht durch Gieß- und Regenwasser ausgewaschen werden, aber trotzdem pflanzenverfügbar sind. **Ton,** insbesondere **Montmorillonit-Ton,** und **Lehm** besitzen in der Regel ein sehr hohes Nährstoffhaltevermögen. Auch bei **Komposten** und bei **Schwarztorf** gilt das Nährstoffadsorptionsvermögen als gut.

Gute Pufferungsfähigkeit und günstiger pH-Wert
Bei Pufferungsfähigkeit spricht man von der Widerstandskraft eines Bodens gegen eine Verän-

derung der Bodensäure. Diese wird durch den **pH-Wert** ausgedrückt. Als Gradmesser für den Säurezustand eines Bodens gibt er an, ob ein Boden sauer (pH-Werte unter 7), neutral (pH-Wert um 7) oder alkalisch (pH-Werte über 7) reagiert. Verfügbarkeit und Aufnahme der Nährstoffe durch Pflanzen sind in der Regel von der Säurereaktion der Erde abhängig. So ist z. B. Eisen für die Pflanzen nur in leicht sauren und sauren Substraten verfügbar. Bei hohen pH-Werten kommt es zu so genannten Eisenchlorosen (siehe Seite 87).
Die meisten Pflanzen lieben leicht saure Substrate mit einem pH-Wert von 5,5 bis 6,5. Bei hartem Gießwasser mit über 25 °dGH (deutsche Gesamthärte) kann der pH-Wert im Sommer jedoch nach oben steigen, sodass die Erde alkalischer wird – was nicht alle Balkonpflanzen gut vertragen. Eine gute Pufferkraft gegen eine solche Änderung des Säuregrades der Erde besitzen **Ton** sowie huminstoffreiche **Schwarz-** und **Weißtorfe.**
Für Pflanzen, die gegen Eisenchlorosen empfindlich sind, eignen sich auch so genannte **Surfinia-Erden.** Ihre Zusammensetzung entspricht der guter

Pflanzerden, jedoch liegt der pH-Wert mit 4,5 bis 5,0 deutlich tiefer.

Eine gute Pflanzerde besitzt
• ein hohes Porenvolumen,
• eine große Speicher- und Pufferkraft,
• einen leicht sauren pH-Wert
• ist frei von Krankheitskeimen, tierischen Schädlingen und Unkrautsamen.

Einheitserden

Qualitativ hochwertige und geprüfte Industrieerden, so genannte **Einheitserden,** entsprechen diesen Anforderungen. Sie bestehen in der Regel aus 30 % krümelfestem Ton und 70 % Weißtorf. Der Tongehalt garantiert ausreichende Nährstoffspeicherung und Pufferung, der Weißtorf sorgt für eine gute Durchlüftung und Strukturstabilität des Substrates.
Die Einheitserden werden mit unterschiedlich hohen Nährstoffanteilen angeboten. Für Balkonblumen sind empfehlenswert:
• **Einheitserde Typ T** mit sofort wirkendem mineralischem Dünger.
• **Einheitserde Typ ED 73** mit schnell wirksamen Mineraldünger und langsam wirkendem Depotdünger.

Ein Lesen der Packungsaufschrift oder Nachfragen bzgl. der Zusammensetzung des Substrates lohnt sich: nicht jede Fertigerde, insbesondere Billigangebote aus Supermärkten und Baumärkten, garantieren den erwünschten Blütenzauber auf dem Balkon.

Düngung

Eine ausreichende und gleichmäßige Nährstoffversorgung über das Sommerhalbjahr ist ausschlaggebend für Gesundheit, Wachstum und Blütenreichtum der Balkonblumen. In dem sehr beschränkten Substratvolumen eines Balkonkastens, einer Ampel oder eines Gefäßes sind die mit der Pflanzerde beigefügten Nährstoffe schnell von den Pflanzen verbraucht. Vier bis fünf Wochen nach der Pflanzung sind die mineralischen Düngervorräte erschöpft, die Pflanze beginnt zu hungern. Nun ist die Entwicklung eines harmonischen Düngeplanes angebracht: Für Wachstum und Blütenreichtum sind mineralische Stoffe lebenswichtig. Dies sind insbesondere die **Hauptnährstoffe** wie Stickstoff, Phosphor, Kalium, Calcium und Magnesium in größeren Konzentrationen, weiterhin **Spurenelemente** wie Eisen, Mangan, Kupfer, Bor, Zink, Molybdän u. a. Mangelsymptome und Wachstumsrückgang treten bereits dann auf, wenn die Versorgung mit einem einzigen dieser Nährstoffe unzureichend ist! Jedoch reagieren Pflanzen nicht nur auf Unterversorgung mit Schadsymptomen, sondern auch auf Überversorgung. Dies kann im schlimmsten Fall bei einer zu hohen Düngesalzkonzentration und in Verbindung mit Substrat-trockenheit zu **Verbrennungsschäden** führen.

Düngerarten

Die Palette der im Handel befindlichen Düngemittel ist recht umfangreich: So werden **Mineraldünger** in Form von Mehrnährstoffdüngern als Granulat (z. B. Nitrophoska) oder als Flüssigdünger angeboten, weiterhin langsam wirkende **Depotdünger** zur Langzeitdüngung und **organische** oder **organisch-mineralische Dünger.** Hinzu kommen noch **Mikronährstoffdünger** zur Behebung von Spurenelement-Mangelsymptomen, z. B. Eisendünger.
Mineraldünger zur Flüssigdüngung haben den Vorteil, dass sie sehr schnell wirken und sich einfach anwenden lassen. Sie sind für Balkonbepflanzungen besonders zu empfehlen.

Dünger richtig dosieren

Einen guten Mineraldünger erkennt man daran, dass seine Inhaltsstoffe, insbesondere die Hauptnährstoffe NPK (Stickstoff, Phosphor und Kalium), auf

Im Fachhandel wird eine große Palette leicht anzuwendender Düngerformen angeboten.

der Packung angegeben sind und in einer hohen Konzentration vorliegen, z. B. 15 % N, 11 % P und 15 % K (häufig angegeben mit NPK = 15-11-15). Granulierte Mineraldünger zur Flüssigdüngung müssen dazu unbedingt vorher in Wasser aufgelöst werden.
Die meisten Pflanzen entwickeln sich sehr gut bei Düngergaben von 0,2 % ein- bis zwei-

Eine Überdüngung mit Stickstoff bewirkt die Entwicklung mastiger, weicher Pflanzen mit einem hohen Grünanteil und weniger Blüten – ein Schlaraffenland für Blattläuse.

Das häufigste Problem bei Spurenelementen ist ein Eisenmangel, der jedoch mit einem speziellen **Eisendünger** (Sequestren, Optifer, Fetrilon u. a.) in kürzester Zeit aufgehoben werden kann.

mal je Woche. Hierfür löst man 2 ml bzw. 2 g eines Mineraldüngers (NPK entspricht 15-11-15) in 1 l Wasser auf und gießt die Pflanzen durchdringend, bis Wasser aus dem Gefäß austritt.

Langzeitdünger

Eine bequeme Form der Düngung ist die Verwendung von Langzeitdüngern, **insbesondere bei automatischen Bewässerungssystemen.** Sie werden mit unterschiedlicher Wirkungsdauer angeboten (z. B. 3–4 Monate, 5–6 Monate und 8–9 Monate). Hierbei mischt man der Pflanzerde 3–6 g von einem Depotdünger pro l Substrat bei. Die Nährstoffe sind hier von einer Dosierhülle umgeben und werden je nach deren Durchlässigkeit und in Abhängigkeit von der Bodentemperatur freigegeben. Je höher die Bodentemperatur, desto schneller werden die Nährstoffe freigesetzt.

Hier gibt es jedoch einen kleinen Haken: Die auf der Packung angegebene Wirkungsdauer ist auf eine Bodentemperatur von 20 °C bezogen. In Blumenkästen und -gefäßen messen wir jedoch im Hochsommer nicht selten 30–37 °C. Unter Umständen ist somit ein 4-Monats-Dünger nach drei Monaten erschöpft. Dann muss nachgedüngt werden, z. B. mit einem Flüssigdünger.

Balkonpflanzen richtig pflegen

Nach der Pflanzung

Die ersten zwei Wochen nach der Pflanzung nur sehr behutsam gießen. Dadurch zwingt man die Pflanzenwurzeln, nach Wasser und Nährstoffen zu suchen, und kurbelt somit indirekt das Wurzelwachstum an. Grundsätzlich sollte man sich immer vor Augen halten, dass ein gesundes Wurzelwerk ausschlaggebend für das gesamte Wachstum der Pflanze ist. Weiterhin gilt es, die Pflanzen zu akklimatisieren und möglichst vor direkter Sonne, austrocknenden Winden und sehr kühlen Nachttemperaturen zu schützen. Ideal für die Bepflan-

zung und das erste Aufstellen von Balkonkästen sind wärmere, jedoch bewölkte Tage im Mai. Pralles Sonnenlicht kann dagegen auf Grund des hohen UV-Anteiles bei jungen Pflanzen aus der Gewächshausanzucht zu erheblichen Sonnenbrandschäden führen. Betroffen sind insbesondere Arten, die einen halbschattigen Standort bevorzugen, z. B. Begonien, Fleißige Lieschen, Vanilleblumen u. a. Mit der Zeit können sich die meisten Pflanzen jedoch hervorragend an intensive Sonneneinstrahlung anpassen.

Richtiges Gießen

Hierfür sollte man sich ein bisschen Zeit für einen täglichen Kontrollgang einrichten. Es gibt keine allgemein gültigen Regeln zur Gießhäufigkeit. Der Wasserbedarf ist pflanzenindividuell und wird beeinflusst von Temperatur, Luftbewegung (Wind), Sonneneinstrahlung, Menge und Qualität der Pflanzerde. Ein kurzzeitiges Abtrocknen der Erde schadet nicht, sondern regt vielmehr die Bildung neuer Wurzeln an, die sich bei Trockenheit gut mit Sauerstoff versorgen können. Löst sich die Erde jedoch bereits vom Gefäßrand und schrumpft zusammen, so ist es höchste Zeit zu gießen.

Empfehlenswert sind Wassergaben am Morgen und in den frühen Abendstunden. Das Laub sollte vor Einbruch der Nacht wieder trocken sein. Bei Sonneneinstrahlung möglichst nicht die Blätter und Blüten benetzen; denn die Wassertropfen wirken wie kleine Brenngläser. Auch bei Niederschlägen die Balkonblumen kontrollieren: Mitunter ist das Laubdach der Pflanzen bereits so dicht, dass die Regentropfen kaum bis zur Erde durchdringen und somit trotz Regenwetter ein Gießen angebracht ist.

Fruchtansatz bei Fuchsien entfernen, er unterdrückt die Bildung neuer Blüten.

Die beste **Wasserqualität** ist natürlich unbelastetes Regenwasser. Wer jedoch nur auf sehr kalkhaltiges Leitungswasser zurückgreifen kann, muss mit einer Erhöhung des pH-Wertes in der Erde während des Sommers und damit verbundenen Eisenmangelsymptomen (Chlorose) bei empfindlichen Arten (z. B. Petunien, Zauberglöckchen, Schneeflockenblumen, Blaue Gänseblümchen u. a.) rechnen. Dagegen muss man dann mit Eisendünger vorgehen (siehe Tipp Seite 84).

Ausputzen und Rückschnitt

Abgeblühte Blütenstände wirken wenig attraktiv, so dass man sie gerne entfernt. Hinzu kommt, dass gefüllte Blüten bei anhaltender Feuchte zur Fäulnis neigen. Eine Reihe von Pflanzen setzen außerdem nach der Blüte Samen und Früchte (z. B. Fuchsien, Wandelröschen) an. Ein regelmäßiges Entfernen der Samenstände und Früchte lohnt sich: Die energieaufwendige Produktion von Saatgut geht sonst auf Kosten des Pflanzenwachstums und der Blütenfülle. Entfernt man dagegen die Blüten gleich nach dem Abblühen, wird dadurch die Bildung neuer

Durch ein regelmäßiges Ausputzen abgeblühter und verwelkter Pflanzenteile wird die Ausbreitung von Krankheiten verhindert und für einen kontinuierlichen Blütenflor gesorgt.

Blüten angeregt. Werden die Pflanzentriebe an den Spitzen dünn, fallen unansehnlich auseinander und setzen kleine Samen an, so ist ein kräftiger Rückschnitt um ein Drittel bis zur Hälfte der Pflanzen empfehlenswert. Innerhalb von zwei bis vier Wochen baut sich ein neuer, kräftiger Blütenflor auf (gut möglich z. B. bei Elfenspiegel, Elfensporn, Feuerball, Goldzweizahn).

Bei einem Rückschnitt vor dem Sommerurlaub präsentiert sich bei der Rückkehr ein reiches Blütenmeer auf dem Balkon.

Pflanzenschutz

Nicht selten wird die sonst ungetrübte Freude über den Blütenzauber auf Balkonia durch das Auftreten von Krankheiten und Schädlingen empfindlich gestört. Vorbeugende Maßnahmen können mitunter den Griff zur chemischen Keule ersparen. Entscheidend für das Auftreten von Krankheiten bzw. Schädlingen ist neben der grundsätzlichen Anfälligkeit der Pflanzen (siehe Angaben in den Porträts Seite 32 ff.) eine gute Kondition der Pflanze. Durch schlechte Wachstumsbedingungen gestresste Pflanzen – verursacht z. B. durch Staunässe, Trockenheit, Unter- wie auch Überversorgung mit Nährstoffen, Lichtmangel und Verletzungen sind besonders anfällig für Krank-

heiten und Schädlinge. Eine gründliche Reinigung der Pflanzgefäße, der Kauf gesunder, wüchsiger Pflanzen aus dem Fachhandel und die Verwendung keimfreier Erde bieten beste Ausgangsvoraussetzungen. Wichtig ist natürlich auch die für den jeweiligen Standort passende Auswahl der Arten. Neuerdings wird immer häufiger eine vorbeugende Behandlung mit so genannten **Pflanzenstärkungsmitteln** diskutiert. Diese basieren auf Algen-, Kräuterextrakten oder ätherischen Ölen und sollen eine wachstumsstimulierende und krankheitsvorbeugende Wirkung aufweisen. Bei dem Auftreten erster Befallsherde von pilzlichen und tierischen Schädlingen empfiehlt es sich, die von Pilzen betroffenen Pflanzenteile herauszuschneiden bzw. Schädlinge entsprechend abzusammeln oder abzuspritzen.

Nützlinge auf dem Balkon?

Der Einsatz von Nützlingen gegen tierische Schädlinge eignet sich nur bedingt, da die Nutzinsekten, anders als im Gewächshaus, gerne das Weite und attraktivere Futterplätze suchen. Der Einsatz von chemischen Pflanzenschutzmitteln ist

auf Grund der umstrittenen Toxizität sowohl für den Anwender als auch für die Pflanze und die darauf befindlichen Nutzinsekten immer der letzte Ausweg. In jedem Fall ist vor der Ausbringung eines Pflanzenschutzmittels eine gründliche Beratung durch geschulte Fachleute anzuraten. Ziel sollte es sein, nur allein den Schadorganismus bzw. Schädling zu treffen und bevorzugt biologische Pflanzenschutzmittel einzusetzen. Ein gewisser kriminalistischer Spürsinn und ein geschultes Auge für eine Diagnose von Krankheiten und Schädlingen können dabei sehr von Vorteil sein. Zur Unterstützung sollen dazu die nachfolgenden Steckbriefe der wichtigsten Krankheiten und Schädlinge bei Balkonpflanzen dienen.

Nichtparasitäre Krankheiten – Wachstumsstörungen der Pflanzen

Nichtparasitäre Krankheiten sind auf physiologische Störungen in der Pflanze zurückzuführen und durch optimale Kulturbedingungen zu beheben.

Welkesymptome, vertrocknete Pflanzenteile

Bedingt durch Trockenheit oder

Anhaltende Staunässe lässt die Zauberglöckchen-Sorten 'Cherry' und 'Terracotta' schnell zusammenbrechen.

auch durch Wasserüberschuss verursachte Staunässe. Bei anhaltender Nässe sterben auf Grund von Sauerstoffmangel die Wurzeln ab: Sie werden braun, faulig und können ihre Funktion nicht mehr erfüllen. Gesunde, wüchsige Pflanzen besitzen ein feines, weißes Wurzelwerk.

Kümmerwuchs, Blattrand- chlorosen und -nekrosen

Diese beginnen meist an älteren und mittleren Pflanzenteilen und sind häufig auf Nährstof- funterversorgung zurück- zuführen. Sind jedoch hohe Düngegaben vorweggegangen, kann auch ein zu hoher Salz- gehalt im Substrat vorliegen.

Gelbsucht (Chlorose)

Gelbliche Blattaufhellungen vor allem an den jüngeren Pflanzen- teilen, die Blattadern sind an- fangs noch grün. Beruht meist

Meist sind solche Korkwucherungen bei Hängegeranien nur auf übermäßige Wassergaben zurückzuführen.

auf Eisenmangel, gelegentlich auch auf Mangan- oder Magne- siummangel. Ursache hierfür ist meist ein Anstieg des pH-Wer- tes im Substrat (siehe Seite 82) und eine hohe Sensibilität der Pflanzen dafür. Schnelle Abhilfe bewirken Eisen- und Spuren- elementdünger. Bei kalkhal- tigem Gießwasser vorbeugend saure Erden (z. B. Surfinia-Erde) verwenden.
Eine Gelb- und Rotfärbung kann jedoch auch auf einen durch Kälte ausgelösten Abbau des Blattgrüns zurückzuführen sein.

Korkwucherungen

Auf der Blattunterseite ent- stehen bräunliche, korkartige Schwielen, häufig bei hängen- den Geranien: zurückzuführen auf starke Schwankungen bei der Wasserversorgung, zu hohe Wassergaben und auf hohe Luft- feuchte. Korkwucherungen kön- nen jedoch auch Folgeschäden nach einen Befall mit Thripsen, Spinn- und Weichhautmilben sein.

Viren, Mykoplasmen und Bakterien

Viren und Mykoplasmen ge- hören zu den kleinsten Krank- heitserregern und sind nur im Elektronenmikroskop sichtbar.

Eisenchlorose kann mit einem speziellen Eisen- dünger schnell behoben werden.

Ihre Symptome bei Pflanzen können sehr vielfältig sein: von typischen Blattverfärbungen wie Mosaik-, Ring- und Band- mustern bis hin zu Verkrüppe- lungen und Stauchesymptomen. Mitunter sind bei guter Ernäh- rung im Sommer die Symptome »maskiert«, d. h. nicht erkenn- bar. Vielfach werden Viren durch tierische Schädlinge, wie Thrip- se und Blattläuse, aber auch mechanisch durch Verletzungen übertragen.
Bakterien verursachen meist Welke, ölige Blattflecken und zuletzt Nass- und Weichfäule. Auf Grund strengster Hygiene- vorschriften in Vermehrungsbe- trieben sind Virosen, Mykoplas- mosen und Bakteriosen selten. Eine genaue Diagnose kann meist nur ein Spezialist stellen. Eine Bekämpfung ist nicht mög- lich, kranke Pflanzen müssen in den Müll (nicht auf den Kom- post!).

Grauschimmel entsteht häufig nach anhaltenden Regenperioden und bei sehr dichtem Pflanzenbestand.

Pilzkrankheiten

Wurzel- und Stängelgrundfäulen (durch verschiedene Bodenpilze)

Die Blätter werden meist fahlgrün und stumpf; die Pflanzen schlappen um die Mittagszeit, später kommt es zu Welke und Vergilbung.
Stauende Nässe, Sauerstoffmangel im Boden und ein »kalter Fuß« begünstigen bei allen Pflanzen den Befall. Auf guten Wasserablauf in Balkonkästen und Pflanzgefäßen achten!

Grauschimmel

(Botrytis cinerea)
Insbesondere bei feuchtwarmer Witterung und an dunklen Stellen können auf allen Pflanzenteilen braune Faulstellen entstehen. Bei hoher Luftfeuchtigkeit entwickelt sich anschließend ein grauer Sporenrasen. Botrytis ist ein Schwächepilz und tritt besonders bei schwachen und beschädigten Pflanzen auf. Auch übermäßige Stickstoffdüngung fördert den Befall. Zur Keimung benötigen die Pilzsporen einen mehrstündigen Wasserfilm. Pflanzen deshalb möglichst nicht »über den Kopf« gießen. Regelmäßig alte und kranke Pflanzenteile entfernen und im Bestand durch Ausputzen eine gute Luftzirkulation ermöglichen. Pflanzen nach dem Gießen nicht nass in die Nacht gehen lassen (zeitig gießen!).

Falscher Mehltau

Blattoberseits entstehen bleiche bis braune Stellen, blattunterseits ein schmutzig weißer Sporenbelag. Auch Blüten und Stängelteile können befallen werden. Stark erkrankte Pflanzenteile vertrocknen und sterben ab. Hohe Luftfeuchtigkeit und eine schlechte Luftzirkulation bei sehr dichten Pflanzenbeständen begünstigen die Ausbreitung des Pilzes.
Kranke Pflanzenteile umgehend entfernen, da sich der Pilz im Gewebe der Pflanze ausbreitet. Möglichst nicht von oben gießen.

Echter Mehltau

Auf den Blattober- und -unterseiten und an Blattstielen entsteht ein mehlig weißer Belag. Mitunter können auch die Blüten befallen werden. Im Gegensatz zum Falschen Mehltau ist der weiße Pilzbelag abwischbar. Unter dem Belag ist das Gewebe braun verfärbt. Der Pilz tritt besonders gerne nach Regenperioden auf oder wenn z. B. im Spätsommer und Herbst hohen Tagtemperaturen sehr kühle Nächte folgen.
Besonders gefährdet sind Begonien, Verbenen und Dahlien. Inzwischen gibt es jedoch schon eine Reihe resistenter und toleranter Sorten. **Vorbeugend** kön-

Im Spätherbst reagieren manche Knollenbegonien-Sorten sehr empfindlich auf einen Befall mit Echtem Mehltau.

nen bei empfindlichen Pflanzen lecithinhaltige Pflanzenschutzmittel (z. B. Bio Blatt Mehltaumittel) in einwöchigem Abstand eingesetzt werden. Eine gute Wirkung gegen Echten Mehltau zeigt eine selbst gemischte Spritzbrühe aus Rapsöl (z. B. Schädlingsfrei Naturen) mit Backpulver: Für 5 l Spritzbrühe 3 Päckchen Backpulver und 50 ml Naturen mit Wasser mischen und damit die erkrankten Pflanzen Spritzen.

Tierische Schädlinge

Blattläuse

Blattläuse befallen Blätter, Triebspitzen und Blüten. Durch ihre Saugtätigkeit verursachen sie verkrüppelte und verfärbte Blätter, die später vergilben. Ihre zuckerhaltigen, klebrigen Ausscheidungen (Honigtau) führen außerdem zur Ansiedlung von Rußtaupilzen und zur Verschmutzung der Blätter und locken Ameisen an.

Bei Befallsbeginn empfiehlt es sich, die befallenen Pflanzenteile abzuschneiden. Meist reicht eine Behandlung mit seifenähnlichen Mitteln aus. Diese dringen in den Insektenkörper ein und verhindern die Atmung, sodass die Schädlinge schnell absterben.

Weiße Fliege (Mottenschildlaus)

Ein Befall mit Weißer Fliege ist relativ leicht festzustellen: Die etwa 2 mm großen Insekten mit weißen Flügeln sitzen an den Blattunterseiten und fliegen bei Berührung der Pflanzen sofort auf. Durch ihre Saugtätigkeit entziehen sie und ihre ungeflügelten, hellgelben Larvenstadien den Pflanzen Zellsaft und führen zur Vergilbung der Blätter. Auch sie fördern durch die Ausscheidung von Honigtau die Ansiedlung von Rußtau- und Schwärzepilzen.

Die ersten Insekten können noch gut mit so genannten **Gelbtafeln** und **Gelbstickern** abgefangen werden. Eine gute Wirksamkeit haben Präparate auf Kaliseifenbasis.

Spinnmilben (Rote Spinne)

Auf den Blättern entstehen weiß-gelbe Sprenkelungen, die später zu flächigen Aufhellungen werden. Zuletzt vertrocknen die Blätter. Die etwa 0,5 mm großen Milben leben blattunterseits, meist im Schutz zarter Gespinste. Diese werden jedoch erst bei starkem Befall sichtbar. Spinnmilben treten besonders gerne bei trockener und warmer Witterung auf.

Bei leichtem Befall hilft ein gründliches Abbrausen der Blät-

Weiße Fliegen findet man bevorzugt auf Wandelröschen und vor allem bei Balkongemüse wie z. B. Tomaten.

Hohe Temperaturen und trockene Luft begünstigen den Befall mit Spinnmilben.

ter, insbesondere der Blattunterseiten. Stärker befallene Blätter sind zu entfernen. Zur chemischen Bekämpfung eignen sich Präparate auf der Basis von Kaliumsalzen und Mineralölen die die Atmungsorgane verstopfen.

Blätter mit solchen Miniergängen unbedingt entfernen und nicht kompostieren.

Minierfliegen

Das typische Schadbild von Minierfliegen sind helle, geschlängelte Gangminen in Blättern, die durch die Fressaktivität der Raupen verursacht werden. Die 2–3 mm großen Fliegen legen ihre Eier in die Oberhaut der Blätter. Später schlüpfen daraus die gefräßigen Raupen. Befallene Blätter rechtzeitig abschneiden, bevor sich Puppen

Vorbereitende Maßnahmen zur Überwinterung

Die Pflanzen dürfen im Spätherbst nur mehr behutsam gegossen werden. Ein nasser Wurzelballen trocknet im kühlen Winterquartier nur langsam ab, dann drohen Fäulnisherde und Infektionen mit schädlichen Bodenpilzen.

entwickeln und in die Erde fallen.

Raupen (Insektenlarven)

An Blättern und Trieben ist Lochfraß zu erkennen, häufig sind die Pflanzen auch durch kleine, schwarze Kotkügelchen verschmutzt. Meist ist das Absammeln der Raupen ausreichend. Die Raupen sind jedoch häufig nur nachtaktiv. Daher lohnt sich eine abendliche Inspektion des Balkons mit der Taschenlampe.

Überwinterung

Für einen Teil der mehrjährigen Balkonpflanzen, insbesondere bei den in einzelnen Gefäßen kultivierten Solitärpflanzen, ist eine Überwinterung durchaus lohnenswert. Bei guter Pflege entwickeln sich die Pflanzen im Folgejahr wieder kräftig und buschig und blühen reichlich.

Auswahl des Winterquartiers

Der ideale Winterstandort ist hell, kühl bei 5–10 °C und luftig. Diese Anforderungen sind am besten in einem temperierten Wintergarten oder in einem Gewächshaus zu erfüllen. Da die

meisten Pflanzenliebhaber damit nicht aufwarten können, bieten viele Fachgärtnereien einen Überwinterungsservice an. Wer jedoch seine Pflanzen selbst überwintern möchte, sollte als Quartier helle Kellerräume, Garagen, Treppenhäuser oder ungeheizte Wohnräume in Betracht ziehen. Auf keinen Fall sind zur Überwinterung warme, dunkle Orte geeignet.

Einräumen

Die Pflanzen nicht zu früh einräumen. Ein langer Aufenthalt im Winterquartier schwächt die Pflanzen immer. Beim Einräumen die Pflanzen gründlich auf Krankheiten und Schädlinge kontrollieren. Auf keinen Fall kranke Pflanzen überwintern, sie bilden einen Infektionsherd für alle benachbarten Pflanzen im Winterquartier! Anschließend die Pflanzen um ein Drittel zurückschneiden und alte, welke Blätter und Triebe entfernen.

Pflegemaßnahmen im Winterquartier

Während der Ruhephase ist nur ein gelegentlicher Kontrollgang notwendig. Dabei werden der Gesundheitszustand der

Pflanzen kontrolliert und kranke oder alte Pflanzenteile werden entfernt.

Während der Winterruhe benötigen die Pflanzen nur sehr wenig Wasser. Die Erde sollte relativ trocken sein, jedoch darf der Wurzelballen nicht ganz austrocknen und sich von der Gefäßwand ablösen. In zu nassen, schlecht durchlüfteten Erden entwickeln sich sonst Schimmel- und Fäulnispilze. Nicht ganz einfach ist es, eine gleich bleibende Temperatur beizubehalten. Hohe Sonneneinstrahlung lässt in geschlossenen Räumen die Temperatur rapide steigen und regt die Pflanzen zu einem Neuaustrieb an. Folgen dann wieder kühle und dunklere Tage, vergeilen die jungen Austriebe und verkümmern. Bei einer drohenden Überwärmung des Raumes deshalb rechtzeitig lüften! Gleich-

zeitig sinkt dadurch die hohe Luftfeuchtigkeit und damit auch die Infektionsgefahr durch pilzliche Erreger.

Abhärten – Fitmachen für den Sommer

Anfang März, bei steigenden Temperaturen und mit zunehmender Lichtintensität, beginnen die Pflanzen langsam auszutreiben. Jetzt ist es an der Zeit, die Pflanzen umzutopfen, eventuell mit einem Schnitt in die richtige Form zu bringen und verstärkt zu wässern. Die Temperatur sollte aber nur sehr langsam und behutsam steigen, sonst entstehen nur lange, helle und hässliche Neutriebe.

Mit der Frühjahrssonne erwachen leider auch überwinterte Schädlinge wie Blattläuse, Spinnmilben und Weiße Fliegen, die auf den jungen Austrieben der Pflanzen natürlich paradiesische Zustände vorfinden. Warme und trockene Luft in geschlossenen Räumen fördert deren rasante Entwicklung. Regelmäßige Kontrollen auf Schädlinge, häufiges Lüften, gute Luftzirkulation durch Auseinanderrücken der Pflanzen und niedrige Temperaturen bis zum Ausräumen fördern einen gesunden und stabilen Wuchs.

Ausräumen

Ab Anfang Mai – je nach Kältetoleranz – können die überwinterten Pflanzen ausgeräumt werden. Ideal sind milde, trübe Tage und ein vorübergehendes Aufstellen an einem geschützten, schattigen Standort. Den Pflanzen sollte man ein wenig Zeit lassen, sich zu akklimatisieren. Nach etwa 10–14 Tagen können sie an ihren endgültigen Standort gerückt werden.

auf einen blick

- Gute Pflanzerden lohnen sich auch im Balkonkasten! Wichtige Kriterien sind Strukturstabilität, gute Durchlüftung, hohes Wasser- und Nährstoffhaltevermögen und ein leicht saurer pH-Wert.
- Ihre Balkonblumen blühen üppiger und anhaltender mit einer leichten, regelmäßigen Düngung, z. B. wöchentlich mit einem guten Flüssigdünger.
- Pflanzen gleichmäßig feucht, aber nie zu nass halten.
- Die Pflanzen regelmäßig ausputzen. Dies ist die beste Vorbeugung gegen Krankheiten und Voraussetzung für anhaltende Blüte.

Kühle und helle Räume sind ideal für die Überwinterung von Balkonblumen.

Bezugsquellen und Adressen

Pflanzen

Das gängige Sortiment an
Balkonpflanzen erhalten
Sie in allen guten Fach-
gärtnereien und Garten-
centern.

Raritätengärtnereien:

Fuchsienspezialkulturen
Heinrich Breukmann
Leinschede 22
58840 Plettenberg

Fuchsienkulturen
Rudolf und Klara Baum
Scheffelrain 1
71229 Leonberg
Tel.: 07152/27 558

Gartenbau Stegmeier
Unteres Dorf 7
73457 Essingen
Tel.: 07365/230
(Duft- und Wildpelar-
gonien, Kübelpflanzen)

Syringa Versand
Postfach 1147
78245 Hilzingen
Tel.: 07739/1452
(Duftpflanzen, Duftkräuter)

Raritätengärtnerei
Familie Treml
Eckerstraße 32
93471 Arnbruck
Tel.: 09445/90 51 00
(Kräuter, Duftpflanzen,
besondere Gemüsearten,
Kletterpflanzen, Subtro-
penpflanzen)

Klettergerüste und Begrünungssysteme

Classic Garden Elements
Goethestraße 27
65719 Hofheim/ Ts.
Tel.: 06192/900 475
Fax: 06192/902 793
(Klettergerüste)

BellArte
Thomas Gröner
Hessigheimer Str. 12
74354 Besigheim
Tel.: 07143/80 680
Fax: 07143/80 68 21
(Klettergerüste)

Wofgang Matt
Leudelstraße 34
74382 Neckarwestheim
Tel.: 07133/15 477
(Klettergerüste)

Rainer Seemann
In der Lieste 5
77656 Offenburg
Tel.: 0781/99 05 344
(Klettergerüste)

Thomas Brandmeier
Begrünungssysteme
GmbH
Möndenweg 60
79594 Inzlingen
Tel.: 07621/48 42 4

Carl Stahl GmbH
Daglfinger Straße 67/69
81929 München
Tel.: 089/93 94 45-0
(Green Cable Fassadenbe-
grünungssysteme)

Bewässerungs- systeme

RS technoplant
Kunststofftechnik GmbH
Am Kappe 45
49406 Barnstorf
Tel.: 05442/3004
(automatisch befüllbarer
Balkonkasten mit inte-
griertem Wasserspeicher)

Floracare Kunststoff
Rotation
Willi Goebel GmbH
Industriestr. 4
59929 Brilon
Tel.: 02961/977 928
(Gärtner-Kombikasten)

Ing. G. Beckmann KG
Simoniusstr. 10
88239 Wangen im Allgäu
Tel.: 07522/6065
(System Beta 8)

Wenninger GmbH & Co.KG
Hag 7
A-6410 Telfs
Tel.: 0043/526 264 357
(Tropf-Blumat-System)

Informationen

Beratungsstellen für den Freizeitgartenbau:

Sächsische Garten-
akademie an der
Sächsischen Landesan-
stalt für Landwirtschaft
Söbrigener Str. 3a
01326 Dresden
Tel.: 0351/26 12 411

Lenné Akademie für Gar-
tenbau und Gartenkultur
Heinrich-Mann-Allee 103
14473 Potsdam
Tel.: 0331/86 64 005

Hessische Garten-
akademie an der Lehr- und
Versuchsanstalt für
Gartenbau
Oberzwehrenerstr. 103
34132 Kassel
Tel.: 0561/49 90 90

Hessische Garten-
akademie an der Lehr-
und Versuchsanstalt für
Gartenbau
Am Kloster Klarenthal 7a
65195 Wiesbaden
Tel.: 0611/94 68 144

Saarländische Garten-
akademie an der Land-
wirtschaftskammer für
das Saarland
Lessingstr. 12
66121 Saarbrücken
Tel.: 0681/66 50 537

Informationsdienst für
den Freizeitgartenbau
Versuchsanstalt Weihen-
stephan
Am Staudengarten 9
83350 Freising
Tel.: 08161/71 37 78

Bayerische Garten-
akademie an der Bayeri-
schen Landesanstalt für
Weinbau und Gartenbau
An der Steige 15
97209 Veitshöchheim
Tel.: 0800/98 01 147

Liebhabergesellschaften

Deutsche Fuchsien-
gesellschaft e.V.
Pankratiusstraße 10
31180 Giesen

Stichwortverzeichnis

Danksagung:

Ein großer Teil der abgebildeten Balkonkasten-Kombinationen und Ampeln konnte freundlicherweise an der Versuchs- und Lehrwirtschaft für Gartenbau, Amt für Landwirtschaft und Ernährung, Galgenfuhr 21, 96050 Bamberg aufgenommen werden. Die Musterkombinationen wurden von dem dortigen Fachberater für Zierpflanzenbau, Herrn Johannes Rost, entworfen und gepflanzt und sind für die Öffentlichkeit zugänglich. Beratung und Informationen unter Tel.: 0951/12077.

Bildnachweis:

BASF: 880
Borstell: 2/3, 40, 5, 6, 7, 9, 10, 110, 11u, 140, 15, 170, 18, 19, 230, 23u, 28, 30, 330, 39, 40, 430, 43u, 440, 46u, 48l, 48r, 580, 65, 77
Geiger: 16, 500
Hanke: 13, 14u, 32, 33u, 350, 370, 460, 49u, 54, 56, 620, 62u, 63, 670, 68, 690, 70, 710, 86

Fa. Kientzler: 34, 55, 57
Pelargonien-Fischer: 87u
Redeleit: 4u, 17u, 29, 79l, 81, 850
Reinhard: 26, 31, 35u, 37u, 410, 41u, 44u, 45, 52, 53, 58u, 59, 66, 67u, 69u, 74, 76, 80
Ruckszio: 60
Sammer: 85u, 91
Schubert: 490, 71u, 72
Stein: 20, 21m, 21r, 21u, 25, 51, 79r
Straßberger: 870, 88u, 890, 89u, 90
Strauß: 1, 36, 38, 47, 50u, 61, 64, 83

Grafiken: Heidi Janiček (S. 22), Daniela Farnhammer (S. 16, S. 28, S. 78)

BLV Verlagsgesellschaft mbH
München Wien Zürich
80797 München

Die Deutsche Bibliothek – CIP-Einheitsaufnahme

Ein Titelsatz für diese Publikation ist bei Der Deutschen Bibliothek erhältlich

© 2000 BLV Verlagsgesellschaft mbH, München

Umschlaggestaltung: Studio Schübel, München
Umschlagfotos: Borstell (Vorderseite); Hanke (Rückseite)

Layoutkonzept Innenteil: Studio Schübel, München

Lektorat: Dr. Thomas Hagen
Herstellung: Hermann Maxant

Layout und DTP: Satz+ Layout Peter Fruth GmbH, München
Reproduktionen: Digital Picture Reprotechnik GmbH, München
Druck und Bindung: Druckhaus Neue Stalling, Oldenburg

Gedruckt auf chlorfrei gebleichtem Papier

Printed in Germany · ISBN 3-405-15756-0

Für Balkon, Terrasse, Wintergarten

Christoph und Maria Köchel
Kübelpflanzen
Der Traum vom Süden
Exotische Pflanzen für Winter-
gärten und Terrassen: das Stan-
dardwerk – mit Porträts von über
160 Kübelpflanzen aus aller Welt,
Gestaltungsvorschlägen, Pflanz-
plänen für Wintergärten und
Pflegehinweisen.

Friedrich und Dagmar Strauß
Balkon-Träume
Gestaltungsideen vom Feinsten:
individuelle Vorschläge für alle
Jahreszeiten und für alle Lagen,
Pflanzenporträts nach Blütenfar-
ben, Praxistipps zu den wichtigs-
ten Arbeiten rund ums Jahr.

Paul Williams
Reizvolle Kletterpflanzen
Attraktive Pflanzbeispiele für die
kreative Gartengestaltung mit
Kletterpflanzen; die Bepflanzung
von Mauern, Zäunen, Pergolen,
Spalieren; Bäume und Sträucher
als lebendes Klettergerüst; die
schönsten Kletterpflanzen für
Garten, Balkon und Wintergarten.

blv garten plus
Monika Gottschalk
Engelstrompeten
Ein Traum aus Duft und Farbe:
die schönsten Engelstrompeten
im Porträt, Standort, Gefäße, Substrate, Pflege, Überwintern, Vermehren, Pflanzenschutz.

Christoph und Maria Köchel
Pflanzenparadies
Wintergarten
Das ganze Jahr im Grünen woh-
nen: 380 Pflanzen aus aller Welt,
Bepflanzungsbeispiele für ver-
schiedene Wintergartentypen,
Praxisteil mit Tipps zu technischen
Details, Planung und Gestaltung.

Graham Strong
Dekorative Gefäße
phantasievoll bepflanzen
Pflanzenarrangements in schönen
Gefäßen harmonisch gestalten:
reizvolle Beispiele, Praxistipps zu
Pflanzung und Pflege sowie
Variationsvorschläge, um die
Attraktivität zu verlängern.